한국형
리더와 리더십

한국형
리더와 리더십

김덕수·정현애 지음

KOREAN LEADERSHIP

이코북
Eco. BooK

머리말 · 7

1부 한국인에게 리더가 있는가

누가 우리 시대의 핵심 인재인가? · 14

레이건과 노무현 · 24

성공을 부르는 리더의 곡선적 사고와 언행 · 34

사이비 리더와 조폭 두목의 7가지 공통점 · 42

뽑지 말아야 할 사이비 리더의 7가지 유형 · 47

디지털 시대의 7가지 절대 덕목 · 53

비전 제시는 리더의 몫 · 57

2부 한국인에게 리더십이 있는가

무늬만 법치국가인 나라는 희망이 없다 · 68

'우리이즘'의 장막을 거둬내자 · 78

뭉치면 살고, 흩어지면 죽는다? · 87

새는 좌우의 날개로 하늘을 난다 · 96

의사봉을 세 번 두드리는 이유 · 109

누가 '모럴 헤저드'를 '도덕적 해이'라고 번역했는가? · 115

신행정 수도의 박살난 꿈 · 123

3부 표류하는 한국의 리더

태극기는 부적이 아니다 · 136

함부로 할복하지 마라 · 145

철새를 얕잡아보지 마라 · 157

명성황후의 분노와 황우석 박사 · 165

4부 풀뿌리 리더와 리더십

바보들은 항상 남의 탓만 한다 · 182

기간제 여교사와 왕정치 선수 · 188

추락하는 '아부지들'에게 고함 · 201

이 시대, 교수들은 무엇으로 사는가? · 210

5부 CEO 이순신에게 배우자

위기관리의 리더십, 이순신에게 배워라 · 222

이순신 장군의 8Q 리더십 · 233

23전 23승의 불패신화와 이순신의 지혜 · 246

SAMPER 전략과 이순신의 창의력 · 258

이순신과 박정희 · 266

머리말

지난 1년 반 동안의 원고 작업을 마무리하고 머리말을 쓰려고 하니, 온갖 상념이 뇌리를 스쳐간다. 불후의 명작으로 일컬어지는 《닥터 지바고》, 《콰이강의 다리》, 《인도로 가는 길》 등을 제작했던 영국의 영화감독 데이비드 린(David Lean, 1908~1991)이 했던 말이 불현듯 떠오른다. 그는 한 기자와의 인터뷰에서 자신이 영화를 만들 때, 가장 많이 고민하고 신경 쓰는 것은 '영화의 첫 장면을 어떻게 설정할 것인가?' 라고 고백한 적이 있다. 지금 이 순간 필자의 심정 역시 데이비드 린과 조금도 다를 바 없다.

경제학, 그것도 이론경제학을 전공한 필자가 리더십이라는 낯선 학문 분야에 관심을 갖게 된 것은 전적으로 충무공 이순신 장군 때문이다. 1995년부터 충무공에 대한 연구를 본격적으로 시작하면서 자연스럽게 리더십 분야의 책들과 논문을 접할 수 있었다. 그러면서 10년의 세월이 훌쩍 흘렀으니, 이제는 그동안의 내공을 토대로 리더십에 대해 나름대로 일가견을 가질 만도 한데 현실은 그렇지 못하다는 게 솔직한 표현이다.

리더십과 경제학은 학문의 성격부터 매우 큰 차이가 있다. 경제학은 이론 구성 자체가 매우 치밀하고 정교하기 이를 데 없다. 또 대부분의 이론이 수리적인 방법으로 논증이 가능하기 때문에 열심히 공부하면 그 효과가 곧바로 나타나는 특징이 있다. 즉 콩 심은데 콩 나고, 팥 심은데 팥 나는 것이 경제학 연구의 특성이다. 그에 반해 리더십은 체계적인 이론 정립 자체가 만만하지 않다. 강산이 한 번 변할 정도의 긴 시간 동안 리더십에 대한 내공을 쌓았음에도 불구하고 아직까지 그에 관한 학문적인 틀조차 제대로 구축하지 못한 것을 보면 말이다.

이 책은 리더십을 공부하면서 주변에서 보고 듣고 느꼈던 사항들과 필자가 직접 체험했던 경험을 바탕으로 작성했다. 특히 지난 2~3년 동안 전국의 여러 기관에서 특강을 했던 경험들이 큰 뼈대를 이루고 있다. 비록 리더십에 대한 이론적 체계는 부족하지만, 거시적인 관점에서 한국형 리더와 리더십 문제를 조망해 보려는 분들에게는 적어도 색다른 흥미와 지적 충격은 줄 수 있을 것으로 믿어 의심치 않는다. 리더십 이론에 대한 전문 학술서는 이 책의 출간을 계기로 본격적인 집필을 시작하려고 한다. 앞으로 독자 여러분의 관심과 질정叱正을 부탁드린다.

이 책은 독자들의 편의와 이해를 돕기 위해 전체를 5부로 구성했다. 제1부 '한국인에게 리더가 있는가?'에서는 주로 지식정보화와 세계화가 맹위를 떨치는 카오스의 시대에 한국을 세계 속의 희망찬 국가로 연착륙시킬 수 있는 리더의 역할과 자질에 대해서 언급했다. 리더는 배의 선장에 해당되는 사람이다. 선장이 누구냐에 따라 황포돛대가 되기도 하고 사공의 노래에 등장하는 신바람나는 배가 되기도 한다. 만약 한국호의 선장이 황포돛대의 선장이라면 얼른 갈아 치워야 한다. 그렇지 않으면 한국호가 난파선의 비극적인 운명에 직면할 수 있기 때문이다.

제2부는 '한국인에게 리더십이 있는가?'로 명명했다. 그동안 우리나라 정치 리더들은 학연, 지연, 혈연, 종교연을 통한 '끼리끼리의 횡포'와 패거리 문화를 통해 자신들의 정치적 입지를 굳혀 왔다. 그러나 디지털 사회는 수평적 사고와 열린 마음으로 조직구성원들에게 명확한 비전을 제시하면서 공동체 의식을 부활시킬 수 있는 새로운 리더십을 강력하게 요구하고 있다. 여기에서는 그와 관련한 제반 문제를 심도 있게 언급했다.

'표류하는 한국의 리더'로 명명한 제3부에서는 태극기, 할복, 철새, 황우석 파동을 통해 나타난 우리나라 정치 리더들의 문제와 한계점을 지적하며 새로운 한국형 리더십에 대해 모색해 봤다. 실증주의자였던 꽁트(A. Conte, 1798~1857)는 "자신의 눈으로 자기 눈을 바라볼 수 없다."라고 일갈한 바 있다. 이는 '자신을 정확하게 바라볼 수 있는 최선의 대안은 다른 사람과의 냉혹한 비교에 있음'을 강조하는 말이다. 특히 우리나라 정치 리더들은 자신의 취약점을 잘 모르는 것 같다. 따라서 뜻있는 사람들이 건전한 비판을 가함으로써 그들이 스스로를 뒤돌아보고 훌륭한 리더로 거듭날 수 있도록 돕는 게 국민된 도리라고 생각한다.

제4부에서는 '풀뿌리 리더와 리더십'의 문제를 조명했다. 리더는 정치 리더만 존재하는 게 아니다. 가정, 학교, 직장, 사회에서도 각각 거기에 부합하는 리더가 필요하고 그에 걸맞는 리더십이 요구되고 있다. 여기에서는 민주주의의 저변을 구성하는 개인, 가장家長, 학교장, 교수들의 리더십과 관련한 사항들을 필자 특유의 프리즘으로 비춰 보았다.

마지막 제5부는 'CEO 이순신에게 배우자'로 명명하고 한국의 대표 리더인 이순신의 리더십을 여러 가지 측면에서 분석해 보고자 한다. 이순신의 리더십을 자세하게 언급하는 것은, 디지털 시대를 살아가는 오늘의 리더들에게 이보다 더 좋은 벤치마킹의 대상이 없기 때문이다. 이미 400여 년 전에 디지털 리더십을 온몸으로 실천하며 풍전등화에 놓였던 자신의 조국, 조선을 구해냈던 이순신의 정신과 사고체계는 다종다양한 위기와 불확실성이 공존하는 복잡계의 시대를 슬기롭게 헤쳐나갈 수 있는 지혜를 제공해 줄 것으로 믿어 의심치 않는다.

필자는 이 책을 준비하는 과정에서 리더십 이론에 해박한 지식을 갖고 있는 정현애 박사의 도움을 많이 받았다. 동양의 고전에도 정통한 정박사는 대전대에서 행정학 박사학위를 취득하고, 지금은 공주대와 청양대에서 행정학, 조직론, 리더십론 등을 강의하고 있다. 이 지면을 빌어 총명과 성실을 겸비한 그의 노고에 대해 깊은 감사의 인사를 전한다.

필자는 나름대로 최선을 다해 글을 쓰고 편집을 했지만, 그래도 남아 있을 오류나 미비점은 모두 다 필자의 책임이라고 생각한다. 앞으로도 부족한 부분에 대해서는 수정과 보완을 거듭해 나갈 것을 약속드린다. 독자들의 지도 편달을 부탁드리며, 오늘이 있기까지 물심양면으로 도와주신 주위의 모든 분들과 이코북의 박종홍 사장님께 감사한다.

2006년 9월

김덕수

1부

한국인에게
리더가 있는가

KOREAN LEADERSHIP

1장

누가 우리 시대의 핵심 인재인가?

Korean Leadership

중국 전국시대 말기 한韓나라의 사상가 한비韓非는 리더를 크게 세 가지 형태로 분류했다. 자신의 능력에만 의존하는 사람은 하군下君, 타인의 완력腕力을 이용하는 사람은 중군中君, 타인의 지력智力까지 활용할 줄 아는 사람은 상군上君이라고 명명했다. 여기서 하군은 삼류 리더, 중군은 이류 리더, 상군은 일류 리더를 의미하는 말이다.

한비는 진시황제의 천하통치를 가능하게 했던 법술法術사상의 이론적 대가로《한비자韓非子》라는 논저를 남겼다. 그러나 성악설의 주창자인 스승 순자荀子 밑에서 동문수학한 이사李斯의 계책으로 독살을 당했던 비극적 인물이다. '동양의 마키아벨리'로 평가받고 있는 한비는 철저한 인간 불신에 입각하여 바람직한 리더상像을 정립

했다. 그가 제시했던 리더상은 후대 학자들에 의해 혹독한 비판을 받았음에도 불구하고, 그것이 갖는 의미는 아직도 유효한 측면이 적지 않다. 특히 "유능한 리더는 인재를 발탁해서 적재적소適材適所에 활용할 줄 아는 사람이다."라는 그의 주장은, 지식정보화 사회를 헤쳐 나가야 할 현대의 리더들에게 많은 것을 시사해준다.

:: 옛날 인재 선발의 기준은 무엇이었을까?
::

인재 선발과 관련해 우리 사회가 오랫동안 활용해 온 기준이 하나 있다. 그것은 다름 아닌 '신언서판身言書判'이다. 그 기준은 지금까지도 우리 사회에서 맹위를 떨치고 있다.

우선 신身이란, 겉으로 풍기는 개인의 외적 이미지로써 사람의 외모와 풍채를 말한다. 예나 지금이나 자신의 배필감을 고를 때, 가장 먼저 보는 것이 상대방의 겉모습인 신身이다. 그런데 요즈음은 신身을 100% 신뢰할 수 없다. 왜냐하면 성형기술의 눈부신 발달로 겉모습을 얼마든지 뜯어고칠 수 있기 때문이다. '미스코리아 대회에 나간 여성 치고 성형외과 의사의 도움을 받지 않은 사람이 거의 없다' 라는 말이 공공연히 나돌 정도로, 우리 사회는 성형미인들로 가득 차 있다. 또 미용기술이나 화장술도 신身의 부족한 부분이나 결점을 감쪽같이 보완해 주기 때문에, 어느 한 순간의 외모 평가만으로 상대방의 신身을 정확하게 파악할 수 없다.

언言은 사람의 언변言辯을 의미한다. 언言은 말하는 사람이 조리 있게 자신의 의견을 표현하는지, 또는 의미 전달 능력이 분명한 지 여부를 체크하는 기준이다. 요즘에는 언言도 믿을 게 못된다. 우리 주변에 널려있는 웅변학원이나 스피치 교정학원의 도움만 받으면, 언言의 능력을 일정 수준까지 끌어올릴 수 있기 때문이다. 그러나 청산유수처럼 언변이 뛰어난 사람들 가운데 교활한 사기꾼이나 근거 없이 다른 사람을 비방하는 인간들이 적지 않다. 따라서 언言 역시 인재 여부를 판단하는 척도로서 많은 한계점을 갖고 있다.

서書는 글씨, 즉 필적筆跡을 지칭하는 말이다. 옛날부터 우리 선현들은 글씨가 그 사람의 됨됨이나 정신세계의 깊이를 나타내주는 것으로 굳게 여겨왔다. 그런 탓에 사대부 집안에서는 자식들의 붓글씨 쓰는 능력을 향상시키기 위해 각고의 노력을 기울였다. 마치 현대의 학부모들이 자기 자식을 좋은 대학에 입학시키기 위해 천문학적 숫자의 과외비를 사교육 시장에다 바치는 것처럼 말이다. 글씨의 대가라고 일컫는 석봉 한호나 추사 김정희 선생과 같은 분들이 예찬을 받고, 서예학원들이 오랫동안 명맥을 유지하는 것도 따지고 보면 서書를 중시하는 우리 사회의 분위기와 무관하지 않다. 필적 또한 인재의 판별 기준으로서는 한계가 있다. 서당이나 서예학원에 나가 체계적인 훈련을 받기만 하면, 나름대로 글씨 쓰는 능력을 업그레이드를 시킬 수 있기 때문이다.

마지막으로 판(判)을 들 수 있는데, 이것은 사물의 시비선악(是非善惡)을 정확하게 가려낼 수 있는 판단능력을 의미한다. 우리의 선현들께서는 외모가 잘 생기고, 말을 잘 하고, 글씨에 능해도 사물의 이치를 터득하는 능력이 없으면 그 인물됨이 출중하지 못하다고 판단했다. 그래서 선현들이 중시한 것이, 곧 '문리(文理)의 우장(優長)'이다.

위에서 살펴본 바와 같이 신언서판은 인재의 선발기준으로 한계가 있지만, 그들 네 가지 기준 가운데 가장 중요한 것을 하나만 고르라고 한다면, 필자는 기꺼이 '판'을 선택하고 싶다. 왜냐하면 신언서판의 신체적 외모, 말하기, 글쓰기, 판단능력 중에서 '판단능력'이 다른 항목들에 비해 훨씬 더 중요하다고 생각되기 때문이다. 그러나 판단능력이 출중하다 해도 실천이 뒤따르지 않는다면 아무런 소용이 없다. 따라서 '실천하는 행동'이 전제되지 않는 신언서판은, 인재 선발 기준으로 문제가 있다고 생각한다.

이런 문제가 있어서 그랬는지 몰라도, 신언서판의 원조격인 중국 당나라의 조정은 그것만으로 인재를 등용하지 않았다고 한다. 그들은 신언서판 외에도 덕행(德行), 재능(才能), 노효(勞效)(일을 효율적으로 처리하는 것)의 실적 여부를 종합적으로 판단해 관리로 등용시켰다는 것이 이 분야 전문가들의 공통된 지적이다.

한편, 우리의 현행 공무원 임용시스템을 보면 암기력 하나만을 테스트하는 필답고사와 면접시험으로 구성되어 있다. 필답고사에서는 변형된 판단능력(심오한 판단능력이 아니라 오지 선다형 문제에서 정답만을 골라내는 찍기 능력만을 주로 테스트하고 있다)만 체크하고, 면접에서는 외모와 말하기 정도만 대략적으로 테스트할 뿐이다. 따라서 현행 공무원 임용시스템은 과거의 신언서판보다도 하나의 평가항목(글쓰기 능력을 말한다)이 적은 세 가지 능력만으로 관리를 뽑고 있다고 해도 과언이 아니다. 이렇게 엉성한 방식으로 국정을 수행할 인재를 선발하니까, 우리 정부의 경쟁력이 낮아질 수밖에 없는 것이다.

그동안 필자는 리더십이라는 새로운 분야를 개척해 오면서 과거의 신언서판에 대한 개선점을 찾고 있는 중이다. 그 이유는 지식정보화 사회를 선도해야 하는 인재상은, 과거 산업화 사회나 농경 사회의 인재상과 분명하게 다를 것이라고 생각하기 때문이다. '새 술은 새 부대에!' 라는 말이 있다. 그것처럼 시대가 변하면, 그 시대를 주도해 나갈 인재상도 새롭게 바뀌어야 한다고 생각한다.

가령, 농경사회의 인재는 소나 말을 잘 부리며 영농을 위한 쟁기질을 잘하는 사람(Green Color)이었다. 그러나 산업화 시대의 인재는 농사일을 잘하는 사람이 아니라 기업과 같은 조직 내에서 윗사람이 시키는 일을 군말 없이 잘하는 사람(White Color)이었다. 그러나 지식정보화 사회는 '핵심 인재(필자는 농경사회와 산업화 시대의 인재를 지식정보화 사회의 인재와 구분하기 위해 핵심 인재라는 용어를 사용했다)' 는 '온리원' 과 '넘버원' 의 자세로 다른 사람과 분명하게 차별되는 자기 고유의 핵심역량을 갖고 있는 창의적인 사람(Gold

Color)이다.

:: 지식정보화 사회에 부합되는 21세기형 신언서판 ::

필자가 온고지신溫故知新적 관점과 수受 · 파破 · 창創(기존의 것을 받아들인 다음, 그것을 창조적으로 파괴해서, 전혀 다른 새로운 것을 창조한다)프로세스의 정립을 통해 만든 21세기형 신언서판은 다음과 같다. 물론 그것은 필자의 사견이므로 아직까지는 부족한 게 많다. 앞으로 그 부분에 대해서는 좀더 많은 내공을 쌓으면서 보다 세련된 내용으로 보완 · 발전시켜 나갈 생각이다.

21세기형 신언서판에서 신身이란, 외모만이 아니라 정신과 육체의 건강을 의미한다. 지식정보화 사회는 정보와 지식이 사회발전의 동인動因이 되는 시대다. 더구나 지식정보화 사회의 인재는 혼자서 수만 명을 먹여 살릴 수 있는 창의적인 인재가 되어야 하는데, 그 전제조건은 건강이다. 즉 건강이 뒷받침되지 않고서는 그 어떠한 창의적인 일도 제대로 수행해낼 수 없다.

여기서 건강은 육체적 건강과 정신적 건강으로 대별된다. 오장육부가 강건한 것을 육체적 건강이라고 한다면, 정신적 건강은 매사에 긍정적인 자세와 합리적인 생활태도 그리고 미지의 낯선 세계에 거침없이 도전할 수 있는 높은 열정과 패기를 말한다. 그런데 정신적 건강이나 육체적 건강은 저절로 지켜지지 않는다. 끊임없는 자기수련과 절제된 생활을 통해서만 가능하다.

특히 자신의 건강조차 챙기지 못하는 사람은 자기관리에 실패한 낙오자로 간주된다. 그런 사람이 조직과 국가를 관리할 수 있는 핵심 인재가 될 수 없는 것은 당연한 일이다. 따라서 신身의 기준에는 반드시 '육체적·정신적 건강에 대한 자기관리의 엄격한 실천'을 의미하는 행行이 전제되어야 한다.

다음은 언言이다. 과거의 언言이 말 잘하는 언변言辯을 의미했다면, 지식정보화 사회의 언言은 민주적인 수평 조직에서 개인과 조직, 부서(또는 부처)간의 상이한 입장 차이나 첨예한 갈등을 원만하게 조정할 수 있는 의사전달능력이나 협상능력을 의미한다. 누가 뭐라 해도 지식정보화 사회의 키워드는 다양성과 개성이다. 그만큼 시끄러운 고성과 혈압을 높여주는 삿대질이 오고 갈 가능성이 크다.

그런데 지식정보화 사회의 핵심 인재는 무엇보다도 가치중립적인 관점에서 서로의 입장을 충분히 경청한 후, 보다 설득력이 큰 합리적 대안을 도출할 수 있는 사람이어야 한다. 그러려면 언言의 기준에도 '거짓말하지 않기', '수시로 말 바꾸지 않기', '무조건 자기편 거들지 않기'와 같은 철저한 행行이 뒤따라야 한다.

서書의 기준 역시 확 달라져야 한다. 과거의 서書가 필적을 의미했다면, 지식정보화 사회의 인재가 갖추어야 할 서書의 기준은 새로운 가치를 창조할 수 있는 학식이어야 한다고 생각된다. 지식정보화 사회의 핵심 인재는 급변하는 환경변화에 능동적으로 대처하고 최적의 대응전략으로, 자신이 속해 있는 조직과 국가의 운명을 지키는 파수꾼이 되어야 한다. 그를 위해서는 무엇보다도 남다른 발상과 아이디어로 새로운 컨셉의 가치를 만들어 낼 수 있는 창조적 지식이 요구된다. 따라서 서書의 기준에도, 정보의 바다 속에서 진주를 캐낼 수 있는 안목을 기르기 위해 자기수행을 게을리 하지 않는 행行이 수반되어야 한다.

판判의 기준도 단순한 판단능력에서 사물의 이치를 완벽하게 터득하고, 그것을 위기관리와 변화관리에 탄력적으로 적용할 수 있는 고도의 판단능력으로 변모해야 한다. 지식정보화 사회에서 1년이라는 기간은 산업화 시대의 10년보다 훨씬 더 긴 시간적, 공간적 의미를 갖는다. 게다가 지식정보화 사회에서는 미래의 변화방향과 속도마저 가늠하기 힘들다. 따라서 지식정보화 사회가 필요로 하는 핵심 인재는 뜨거운 열정과 도전적인 자세로 언행일치를 실천해 나가는 사람들이라고 말할 수 있다. 즉 지능지수(IQ)에다 사회성 지수(SQ), 감성지수(EQ), 변화지수(CQ), 도덕성 지수(MQ)까지 골고루 갖춘 르네상스형 인재(다중지능의 인재)가 지식정보화 시대의 핵심 인재이다.

실천하는 행동이 전제된 신언서판은 지식정보화 사회에서도 인재선발의 합리적인 기준이 될 수 있다. 문제는 리더들의 올바른 사리판단과 핵심 인재를 발굴해 중용할 수 있는 능력이다. 아무리 핵심 인재들이 많아도, 리더가 인재 발굴에 소홀하거나 인재 발굴 능력이 없으면 매사가 도루묵이 되고 만다.

현재 우리 리더의 절대덕목은 최적의 핵심 인재를 발굴한 후, 그들이 최고의 능력을 발휘할 수 있도록 후원해 주는 일이다. 또 지식정보화 사회의 핵심 인재는 직장의식이 아닌 직업의식으로 자기분야에서 일인자의 자리에 오른 사람들이다. 부디 우리의 창의적인 핵심 인재들이 한비가 정의내린 상군上君들에 의해 제대로 발탁된 후, 그들이 소속한 조직과 국가의 발전을 위해 최선을 다하는 모습을 하루빨리 지켜보고 싶다.

옛날 중국에서 왕이나 재상을 고를 때 자주 활용했던 방법으로 '관인팔법觀人八法'이라는 것이 있다. '사람을 관찰하는 8가지 방법'으로 해석되는 그것은 현대적인 인재 판별법으로도 손색이 없을 만큼 완벽하다. '관인팔법'의 구체적인 내용은 다음과 같다.

① 위(威) : 권력과 명성에 어울릴만한 위엄이 있어야 한다.

② 후(厚) : 인간의 그릇, 즉 좀스럽고 옹졸하고 너그럽지 못하면 안된다.

③ 청(清) : 깨끗한 정신의 소유자여야 한다.

④ 고(固) : 굳은 의지와 불굴의 신념, 그리고 용기를 가지고 있어야 한다.

⑤ 고(孤) : 인정이 많아 따르는 자가 많아야 한다. 외로운 사람은 금물이다.

⑥ 박(薄) : 체모가 빈약하고 건강하지 못하면 안 된다.

⑦ 악(惡) : 심성이 사악하고 표독스러우면 안 된다.

⑧ 속(俗) : 기풍이 고상하지 못하고 경박한 사람은 곤란하다.

2장

레이건과 노무현

Korean Leadership

필자가 리더로서 다른 사람을 평가할 수 있는 위치에 있지는 않지만, 필자 나름대로 사람을 평가하는 기준만큼은 분명하게 갖고 있다.

필자가 최고로 인정해 주고 싶은 사람은 자신의 뚜렷한 인생목표를 갖고 꾸준하게 노력해서 일가一家를 이룰 수 있을 만큼 크게 성공한 분이다. 그 다음으로 인정해 주고 싶은 사람은 자신의 인생목표를 갖고 최선은 다했지만, 여러 가지 이유로 실패를 경험한 분이다. 세 번째로 인정해 주고 싶은 사람은 뚜렷한 인생목표 없이 떠도는 삶을 살았지만, 천운天運이 따라주어 크게 성공한 분이다. 마지막으로 가장 낮은 점수를 주고 싶은 사람은 목표의식도 없고 운도 따라주지 않아 인생의 낙오자로 전락한 분이다.

특히 요즘처럼 스피드와 기발한 발상이 위력을 발휘하는 지식정보화 사회에서는 언제, 어디서, 어느 누구와도 기꺼이 비즈니스를 도모할 수 있는 '3A(Anytime, Anywhere, Anyone)'의 자세로 '5P(Pencil & Paper: 기록, Plan: 치밀한 계획, Passion: 열정적인 자세, Perform: 적극적인 행동)'의 정신을 실천해 나가야만 성공으로 가는 사다리에 오를 수 있다.

게다가 디지털 사회는 '3F(Female, Feeling, Fiction)', 즉 여성, 감성, 창의력이 전제된 픽션이 성공의 핵심 인자로 떠오르는 시대다. 그 중에서도 상대방을 진심으로 이해하고 배려함으로써 결국 그들을 감동시킬 수 있는 감성의 중요성은 아무리 강조해도 지나치지 않을 것 같다. 실제로 세계 역사 속에서 성공한 리더(정치 분야를 비롯한 여타의 분야에서)로 평가받는 사람들은 거의 대부분 감성지수(EQ)가 뛰어났던 분들이다.

:: 레이건이 국민으로부터 사랑과 존경을 받는 이유 ::

필자는 감성지수라는 용어만 보면 몇 년 전 알츠하이머병으로 세상을 떠난 로널드 레이건 전 미국 대통령(이하 레이건)이 생각난다. 당시 레이건은 1980년대 일본에게 세계경제의 패권자리를 빼앗겼던 미국의 자존심을 되찾기 위해 국민들에게 인기 없는 '경제개혁

프로그램'을 강력하게 추진했다. 그는 포퓰리즘에 입각한 정책을 펼치는 대신, 법치와 원칙에 입각한 대내외 정책으로 미국 경제 회생의 전기轉機를 만들며 미국 국민들의 잊혀진 자존심을 되찾아준 훌륭한 지도자였다. 그런데 레이건을 보좌했던 사람들이 전하는 얘기에 따르면, 그의 지능지수는 그리 높지 않았다고 한다.

그럼에도 불구하고 그는 참다운 인재들을 적재적소에 활용할 줄 아는 지혜와 안목, 그리고 탁월한 감성지수를 지니고 있었다. 레이건이 배우 출신이라는 한계를 극복하고 8년 동안 대통령직을 성공적으로 수행할 수 있었던 것도 그 때문이다. 얼마 전 미국 정부와 국민들은 새로 건조建造된 최신예 항공모함의 이름을 '레이건호'라고 명명함으로써 역사 속으로 사라진 레이건에 대해 변함없는 존경과 경의를 표한 바 있다. 존경할 만한 전 · 현직 대통령과 그런 리더들을 찾아보기 힘든 우리는 그런 사실이 부러울 따름이다.

감성지수와 관련된 레이건의 숨은 일화 하나를 소개해볼까 한다. 1980년대 초, 레이건이 대통령직을 수행하다가 권총저격을 받은 적이 있다. 자신의 몸을 던져 저격범의 총알을 막아냈던 경호원들 덕분에, 레이건은 왼쪽 옆구리에 가벼운 총상銃傷만 입고 구사일생으로 목숨을 건질 수 있었다.

필자는 이 대목에서 우리나라 청와대 경호원들의 자세를 떠올리지 않을 수 없다. 1974년 박정희의 아내였던 육영수 여사가 국립극장에서 친북 성향의 재일동포였던 문세광의 저격을 받았다. 그때,

청와대 경호원들은 박종규 경호실장만 제외하고 모두 몸을 숨겼다. '피스톨 박'이라는 닉네임을 갖고 있을 정도로 권총을 잘 쏘았던 박종규도 그 순간만큼은 당황했는지 문세광을 명중시키지 못하고 엉뚱하게도 합창단원 여고생에게 실탄을 발사하는 실수를 범했다. 결국 그 여고생은 현장에서 즉사하고 말았다.

필자는 청와대 경호원들 중에 진정한 경호원이 거의 없다고 생각한다. 왜냐하면 대다수 경호원들이 자신의 신분을 그대로 노출시키고 있기 때문이다. 훤칠한 키, 단정하게 자른 머리에 잔뜩 바른 무스, 짙은 선글라스, 부리부리하고 날카로운 눈매, 천편일률적으로 귀에 꽂은 이어폰이 경호원임을 나타내주는 주요 인식표다.

그런데 레이건을 경호했던 당시의 미국 경호원들을 살펴보면, 우리나라 청와대 경호원들과 많은 차이를 보여준다. 물론 미국의 경호원들도 영화 《사선에서》처럼 짙은 선글라스를 착용하고 귀에 이어폰을 꽂고 다닌다. 그러나 그것은 어디까지 근접 경호원들에 한한다. 중접中接 또는 원접遠接 경호원들은 일반 시민들과 똑같은 복장으로 그들 틈에 섞여서 대통령의 신변보호 역할을 조용하게, 그러나 완벽하게 수행해 낸다.

그러나 평상시 청와대 경호원들은 온갖 폼만 잡다가 일촉즉발의 위기가 발생하면 자신의 몸부터 피하고 보는 겁쟁이의 모습만 보인다. 얼마 전에는 절대 비밀에 부쳐야 할 청와대 경호실의 경호수칙까지 일반인에게 상세히 공개하는 이상한 짓까지 서슴지 않았다.

그런데도 필자는 그것을 발설한 당사자나 경호책임자가 문책을 받았다는 얘기를 아직까지 들어보지 못했다.

아무튼 레이건이 총상을 입자 응급차가 급히 달려오고, 간호사들이 흘러나오는 피를 지혈하기 위해 레이건의 몸을 만지기 시작했다. 그러자 그 아픈 와중에서도 레이건은 엷은 미소를 잃지 않고 간호사들에게 "우리 낸시에게 허락을 받았냐?"는 조크를 던졌다. 자신의 몸은 낸시만 만질 수 있는데, 왜 당신들이 내 몸을 함부로 만지느냐는 뜻의 조크였다. 그러자 간호사들은 일제히 "이미 낸시 여사님으로부터 허락을 받았다."고 응수했다. 간호사들과 피투성이가 된 최고 권력자 레이건의 긴박한 만남은 매우 부담스러울 수밖에 없었을 텐데 레이건은 그와 같은 경직된 분위기를 부드럽게 하기 위해 조크를 던졌던 것이다.

또 병원에 도착한 레이건은 수술준비를 서두르던 의사들에게 "당신이 지지하는 정당이 공화당이냐, 아니면 민주당이냐?"는 말을 건넸다. 그러자 한 의사가 "레이건 각하! 저희들은 오늘부터 열성적인 공화당원이 되겠습니다."라고 대답했다. 레이건이 의사들에게 한 말은, '혹시 너희들이 열성적인 민주당원이라면, 수술하다가 나를 고의로 죽일 수도 있지 않느냐?' 라는 일종의 의미심장한 조크였던 것이다. 그리고 "오늘부터 열성적인 공화당원이 되겠다."고 말한 의사의 진의眞意는 '우리가 최선을 다해 수술함으로써 당신을 반드시 살려내겠다' 는 굳은 각오로 해석된다. 참으로 '멋진 대통령에, 멋쟁이 의사'다.

자신의 생명이 왔다갔다하는 긴박한 순간에서도 웃음을 잃지 않고, 자신보다 더 당황했을 간호사와 의사들에게 농담을 던짐으로써 그들에게 안정감을 주려고 노력했던 레이건의 감성지수는, 불운한 대통령만을 양산했던 우리들에게 시사해 주는 바가 적지 않다. 만약 우리나라 대통령이 그와 똑같은 상황에 직면했을 때, 레이건처럼 처신할 수 있었을까?

:: 노무현의 감성지수는 과연 몇 점일까? ::

심지어 우리 서민들과 가장 가깝다고 여겨지는 노무현 대통령의 감성지수도 사실은 함량미달이었다. 그의 감성지수를 가장 정확하게 엿볼 수 있었던 것은 지난 2003년 10월1일에 있었던 '국군의 날' 행사였다. 본래 군인들은 비가 올 때, 우산을 쓸 수 없게끔 되어 있다. 비가 올 경우 부사관급 간부부터 장군들은 레인코트를 입어야 하고, 일반 사병들은 '판초의'라는 볼품없는 우의雨衣를 걸쳐야 한다. 그런데 국군의 날 행사시간에는 가랑비가 내렸다.

노무현은 자신보다 연로한 국방장관(당시 국방장관은 육군대장 출신의 조영길이었다)이 씌워주는 우산 속에서 오픈카를 타고 각군各軍을 사열했다. 그날 행사에 참여했던 군인들은 모두 다 비를 맞고 서 있는데, 대통령의 감기를 걱정한 청와대의 정신 나간 참모가 국방장관에게 우산을 씌워주도록 요청했던 것 같다. 만약 그 자리에 레이건이 있었다면, 그도 우산을 쓴 채로 사열을 했을까? 아마도 그는 군인들과 똑같이 비를 맞으면서 부하장병들의 사열을 받았을 것이다. 그를 통해 솔선수범과 자기희생의 모범을 보여줌으로써, 그 모습을 지켜본 모든 미국 군인들에게 깊은 감동을 주었을 것이다.

이제 노무현이 역사 속에 성공한 대통령으로 기억되려면 감성지수를 더 많이 연마해야 할 것 같다. 어떻게 하면 구조조정과 경기불황으로 고통받는 국민들에게 위안과 감동을 줄 수 있을까, 어떻게 하면 이 땅의 수많은 근로자들에게 미래의 희망을 제공해 줄 수 있을까, 어떻게 하면 자신이 방문할 나라의 국민들에게 한국 대통령의 격조 높은 이미지를 선사할 수 있을까, 어떻게 하면 한국을 방문하는 외국 원수를 감동시켜 한국과의 협조체제를 공고히 할 수 있을지에 대해 진지하게 연구하고 감성지수를 쌓아가려고 노력해 주길 간절히 바란다.

:: 노무현은 YS와 DJ의 실수를 반면교사로 삼아야
::

YS는 감성지수와 관련해 실수를 많이 한 사람이다. YS가 한·일 양국 정상회담을 위해 제주도 S호텔에서 호소카와 일본 총리와 만

낳을 때의 일이다. 마침 그날 비가 내렸는데, YS는 호소카와 총리에게 "한국에는 반가운 손님이 오면 비가 온다."라는 인사말을 던졌다. 일본 특파원들이 YS의 실수를 그냥 눈감아줄 리 없었다. 그들은 "한국에는 그런 속담이 없다."라는 비아냥조의 기사를 써서 일본 총리와 자국민들에 대한 YS의 결례를 꼬집었다.

DJ의 경우도 마찬가지다. 영국의 엘리자베스 여왕이 한국을 방문했을 때, DJ의 감성지수는 최하 수준에 머물고 있었다. 엘리자베스 여왕은 승마를 무척 좋아한다. 고령의 나이에도 불구하고 1주일에 한번 정도는 황실 기마대의 사열을 받을 정도다. 엘리자베스 여왕의 방한 일정이 확정되면 청와대의 참모들은 곧바로 그녀에 관한 정보를 수집한 후, 그녀를 감동시킬 수 있는 방안들에 대해 충분한 논의가 있었어야 했다. DJ에게도 승마의 기초지식을 가르쳐서 DJ가 엘리자베스 여왕과의 대화에서 자연스럽게 승마 얘기를 꺼낼 수 있도록 배려했다면 두 정상 간의 대화는 시종일관 화기애애했을 것이다.

게다가 엘리자베스 여왕의 바쁜 일정 속에 승마시간을 할애하고 국내에서 가장 좋은 승마장에서 말을 타게 한 후, DJ를 비롯한 한국 측 관계자들이 기립박수를 보냈다면, 그녀는 DJ와 한국인들에게 매우 좋은 인상을 가졌을 것이다. 영국인이 사랑하고 존경하는 엘리자베스 여왕이 한국을 좋아하면, 영국기업가들은 한국에 대한 투자를 늘릴 것이고 영국인들은 한국 상품을 더 많이 사줄 것이다.

한국과 영국간의 우호협력 증진사업들도 탄력을 받게 될 것이 분명하다.

그래서 지도자의 감성지수가 중요하다. 특히 모든 나라들이 하나의 네트워크 체제로 촘촘하게 묶여져 있는 지식정보화 시대에, 대통령의 감성지수는 그 나라의 국가경쟁력이 될 뿐만 아니라 국가 이미지 제고의 선결조건이 된다.

국민들을 따뜻하게 받들어 모시면서 국민들을 감동시킬 수 있는 감성지수를 가진 사람만이 한국의 미래를 책임질 수 있는 진정한 대통령이다.

▶ 《근사록》을 보면 '접인칙운시일단화기接人則運是一團和氣'라는 글귀가 나온다. 이는 '온화한 느낌을 주는 사람의 곁에는 많은 사람들이 모인다'는 뜻이다. 특히 화기는 인간관계를 부드럽고 원만하게 해주는 요소이기 때문에, 성공을 꿈꾸는 리더라면 반드시 갖추어야 할 덕목이다.

▶ 한국 리더들의 공통적인 문제는 백성이나 조직구성원들을 따뜻하게 대해 주고 감동을 시킬 수 있는 감성이 크게 부족하다는 점이다. 가부장제도에 따른 엄격한 가정교육, 권위주의적인 학교 교육과 사회 분위기 등도 하나의 요인이 되겠지만, 감성을 쌓는데 게을리 했던 리더들의 노력 부족이 더 큰 요인이라고 생각한다.

▶ 누가 뭐라 해도 21세기는 여성, 감성, 픽션이 맹위를 떨치는 시대다. 따라서 회전의자의 주인공이 되기 위해서는 여성, 감성, 픽션에 대해 진지하게 학습하고 그것을 자신의 강점으로 체화시키려고 노력해야 한다.

3장

성공을 부르는 리더의
곡선적 사고와 언행

Korean Leadership

경제학을 공부하려면 수없이 많은 직선과 곡선을 그려보고 그들과 매우 친숙한 관계를 유지해야 한다. 그런데 필자는 직선보다 곡선이 좋고, 또 그쪽에 더 많은 애정이 간다. 직선은 그 자체로 단순 명료함, 짧은 거리, 빠른 속도, 경직성이나 인위적인 느낌을 주는데 반해, 곡선은 퍼지적 개념의 애매모호함, 먼 거리, 느린 속도, 부드러움, 자연스러운 분위기를 제공해 주기 때문이다. 세인들은 전망이 탁 트인 직선도로를 전속력으로 질주하는 것보다는 강원도의 한계령이나 미시령 고개와 같은 곡선도로를 천천히 달리는 것을 좋아한다. '빨리빨리'로 일컬어지는 일상의 생활과는 달리, 저단 기어로 차를 몰면 주위의 아름다운 자연경관을 음미할 수 있는 심적 여유를 만끽할 수 있기 때문이다. 게다가 승용차의 창문까지 열어놓으면, 맑은 공기까지 덤으로 마실 수 있으니 그보다 더 좋은 일이 어디에 있으랴!

　물론 직선도로는 자동차 이용자들이 보다 빠른 속도로 목적지까지 갈 수 있는 장점이 있으나 이 세상에는 공짜 점심이 없기 때문에, 이동시간의 단축을 위해서는 그에 상응하는 대가를 지불해야 한다. 그것이 인생의 섭리다. 가령 자연친화적인 곡선도로를 직선도로로 바꾸기 위해서는 산을 뚫어 수십 개의 터널을 건설해야 하고, 구부러진 도로를 반듯하게 펴는 공사를 해야 한다. 그 과정에서 인위적인 구릉 절개에 따른 낙석사고의 위험 증대, 자연생태계의 파괴 등이 불을 보듯 뻔하다.

　강도 마찬가지다. 대부분의 강은 곡선 모양이다. 오랜 세월 동안 물의 양과 속도, 물결의 세기, 지형의 강도라는 마술魔術의 힘에 의해 자연스럽게 만들어진 것이 강이다. 철학자나 예술가들이 강을 예찬하고 아름다운 대상으로 인식하는 것은, 강물이 구불구불한 물길을 따라 무심無心한 선비의 선善한 얼굴을 하며 흐르기 때문일지도 모른다.

　그런데 강이 직선의 모양을 한다면 어떤 일들이 벌어질까? 모르긴 해도 장마철에 폭우가 내리면 엄청난 양의 강물이 브레이크 없는 자동차처럼 통제 불능의 속도로 흘러가서 대홍수나 댐의 붕괴와 같은 사회적 재앙을 초래할 가능성이 크다. 그럼에도 불구하고 우리 주위에는 곡선 모양의 물줄기를 직선의 형태로 바꿔야 한다고 주장하는 이상한 사람들이 있다. 필자에게는 그런 주장이 마치 '신에게 도전하기 위해서는 바벨탑을 쌓아야 한다.'고 말하는 사람들의 넋 나간 얘기처럼 들린다. 지극히 어리석은 생각이 아닐 수 없다.

:: 곡선적 사고와 리더의 언행

직선과 곡선의 문제는 도로나 강에만 국한되지 않는다. 그것의 의미는 현대를 살아가는 우리들의 사고와 언행에도 그대로 투영되고 있다. '직선적 사고와 언행', '곡선적 사고와 언행'이 그것이다. 특히 이 개념은 우리 사회를 이끄는 리더들과 관련해 많은 시사점을 제공해 준다.

일례로 노무현이 국정의 최고 책임자로 취임한 이후부터 지금까지, 국민들은 그의 직선적인 사고와 언행으로 가슴을 쓸어내린 적이 한두 번이 아니다. 혹자는 "노무현의 발언이 대통령답지 않게 천박하다."라고 혹평을 하고, 또 다른 사람은 "그런 것이 오히려 인간적인 모습이 아니냐?"라는 반응을 보이기도 한다.

필자는 전자의 입장이다. 즉 대통령은 일국의 국가 원수답게 곡선적 사고와 언행으로 국격國格을 지키며(개인에게 인격이 있다면, 국가에는 국격이 있다), 국민들을 편안하게 해 주어야 할 의무가 있다는 점이다.

지난 날, 노무현이 변호사나 국회의원으로 활동했을 때는 그의 화법이 사회적인 이슈가 되지 못했다. 왜냐하면 우리 사회에서 흔해빠진 게 변호사요, 국회의원들이기 때문이다. 5공 청문회장에서 노무현(당시 야당 국회의원)이 장세동 전 안기부장을 거칠게 몰아세울 때, 어느 누가 그의 언행에 대해 시비를 붙인 적이 있었는가? 오히려 대다수 국민들은 촌스럽게 생긴 노무현의 당당한 태도에 많은 박수갈채를 보냈다.

그러나 지금의 노무현은 일개 변호사나 국회의원이 아니다. 그는 현재 대한민국 절대 지존의 자리에 있다. 그렇게 높은 품격을 요구받는 자리에 앉아있는 사람이, 의혈남아로 활약했던 지난날의 화법으로 대통령의 어록을 만든다는 것은 분명 상식밖의 일이다.

지금 사면초가四面楚歌에 놓인 노무현에게 가장 필요한 것은, 국정에 임하는 그의 자세가 직선적 사고에서 곡선적 태도로 변해야 한다는 점이다. 즉 단도직입적인 직접화법보다는 우회적인 간접화법으로 자신의 의사를 말하고, 적과 동지를 분명하게 구분하는 이분법적 사고에서 하루빨리 탈출해야 훌륭한 리더가 될 수 있다. 또 자신에게 비협조적인 사람을 설득하기 위해 많은 말을 하기보다는 비판자의 말을 진지하게 경청하는 유연한 자세를 보일 때, 많은 국민들이 대통령을 신뢰한다는 점도 직시해야 한다. 말 많은 수다쟁이는 결코 훌륭한 리더가 될 수 없다.

:: 동양 고전에서 강조하는 곡선적 사고의 의미 ::

도가道家의 창시자인 노자는 《도덕경道德經》에서 곡선적 사고로 일관하는 사람이 훌륭한 리더임을 강조한 바 있다. 그는 "곡즉전曲則全(구부러지면 완전하다)의 진리에 따라 유연한 자세로 간접화법을 즐겨 사용하면서 흐르는 강물처럼 행동하는 사람이 훌륭한 리더다."라고 설파했다. 물을 보면, 항상 높은 곳에서 낮은 곳으로 흐른다. 만일 리더가 물처럼 시종일관 낮은 데로 임하는 자세를 보인다면, 국민들은 그런 리더에게 온갖 찬사와 신뢰를 보낼 것이다. 노자도 물의 이런 특성을 간파했기에, 《도덕경》에서 "최고의 선, 즉 상선上善은 물과 같다."라고 피력했다.

손무도 《손자병법》에서 "전장戰場에서의 승패는 전적으로 장군들의 곡선적 사고에 의해 좌우된다."라고 역설했다. 손무는 《손자병법》의 〈허실편〉에서 '부병형상수夫兵形象水······(중략)······병인적이제승兵因敵而制勝'이라고 적고 있다. 이것을 우리말로 옮기면 다음과 같다.

"무릇 군대의 운용은 물과 같이 해야 한다. 물은 높은 곳을 피하고 낮은 곳으로 흐르기 마련이다. 마찬가지로 군대의 운용도 적군의 강한 측면은 피하고 약한 곳을 집중적으로 공격해야 한다. 물이 지형에 따라 흐름을 달리하는 것처럼 군대도 상황에 따라, 즉 적군의 허실虛實과 강약强弱을 이용해야만 승리를 쟁취할 수 있다."

또 《손자병법》의 〈군쟁편〉에 나오는 '이우위직 이환위리以迂爲直 以患爲利(우로써 직을 삼고 환으로써 이를 삼는다)'라는 '우직지계迂直之 計(공격할 때 짧은 시간에 병사를 급하게 일으켜 싸우지 않고, 멀리 돌아 가면 결과적으로 소기의 목적을 빨리 달성할 수 있다)' 역시 장군들의 곡선적 사고가 갖는 중요성을 시사하는 말이다. 여기서 우迂란 '돌 아가는 것'을 의미하고, 직直은 '직선'을 뜻한다.

우직지계를 활용해서 성공한 대표적인 사례로는 중국 공산당을 이끌었던 모택동의 만리장정을 들 수 있다. 그는 연안까지 머나먼 길을 우회하여 행군하면서 병력이나 보급 면에서 월등히 우세한 장 개석 군대를 무찌르고 최후의 승리자로 거듭날 수 있었다. 이것은 곧 우회하는 전략으로 패배하지 않을만한 유리한 고지를 확보하면 서 적의 허점을 공격해서 승리를 쟁취하는 전형적인 전법이다. 이 처럼 동양의 고전古典들이 리더의 곡선적 사고를 강조하는 것은 결 코 우연이 아니다.

그밖에도 곡선이 직선보다 훨씬 더 위력적임을 보여주는 사례로 활과 총을 들 수 있다. 활이 화살을 250미터 이상 날릴 수 있는 것 은, 전적으로 곡선 모양으로 휘어진 대나무의 탄성 때문이다. 곡선 에서 나오는 탄성이 활의 주요한 에너지원인 것이다. 그에 반해 직 선 형태의 M16 소총, K2 소총, M60 기관총 등은 그 자체로 탄환 을 날려 보낼 수 있는 독자적인 힘이 없다. 따라서 직선 형태의 총 기는 반드시 강력한 폭발력을 지닌 화약과 탄환의 회전력을 높이기 위한 강선(일명 조우선)의 도움을 받을 수밖에 없다.

:: 곡선적 사고와 언행을 실천하는 리더가 진정한 리더 ::

이제 성공적인 리더를 꿈꾸는 사람들은 곡선적 사고와 언행을 생활화함으로써 '내면 깊숙한 맛이 있으면서도 그 깊이를 가늠할 수 없는 듬직한 인물'로 거듭나야 한다. 앞으로 우리나라 대통령의 입에서 "더럽고 치사해서 대통령직을 더 이상 수행하지 못하겠다."는 말이나 "그것은 이제 막가자는 얘기지요."와 같은 돌출적인 표현이 나오지 않기를 기대한다.

무릇 리더는 작은 생선을 굽는 것과 같은 조심스런 자세로 때로는 겸손하게, 때로는 대자연의 계곡처럼 광활하고, 탁한 물처럼 포용력이 풍부하며, 손님으로 초대받은 듯이 항상 단정한 자세로 국정에 임해야 한다. 그래야만 국민들이 그를 떠받들면서도 조금도 무거운 줄을 모른다. 그동안 우리의 리더들은 직설적인 언행과 편 가르기식 사고로 '코드 정치'와 '끼리끼리의 횡포'를 즐기면서 국민들에게는 감당하기 어려운 심리적 중압감만을 안겨주었다.

우리 국민들은 각자 자신이 짊어져야 하는 삶의 무게를 가늠하면서 민초民草의 역할에 최선을 다해왔다. 그러나 대통령을 비롯한 정치 리더들은 경직적인 사고로 각종 비리와 부정부패를 저질렀고,

그에 따른 모든 사회적 부담을 민초들에게 전가轉嫁시켜왔다. 그러고도 자신들의 과오나 잘못에 대해 솔직하게 시인하고 반성하는 리더들이 거의 없다. 그러나 우리의 리더들이 잊고 있는 게 하나 있다. 그것은 민초들이 항상 침묵으로 일관하면서 모든 것을 자신의 숙명으로 받아들이는 피동적인 존재가 아니라는 사실이다. 민초들은 자신의 어깨 위에 놓인 삶의 무게가 일정 한도를 넘게 되면, 세상의 질서를 뒤집기 위한 새로운 역사창조의 혁명을 능동적으로 시도해 왔다. 그것이 역사의 가르침이다.

리더들이여!

이제 더 이상 민초들을 실망시키지 마라. 우리나라의 정치 리더들이 유연한 곡선적 사고와 고감도 감성으로 민초들의 애환을 어루만져주면서, 그들의 어깨를 짓누르고 있는 삶의 무게를 덜어주는데 혼신의 노력을 다해 주었으면 한다. 그리하여 민초들이 정치 리더들의 곡선적 사고와 언행이 제공해 주는 정신적 풍요와 심리적 안정을 누릴 수 있기를 기대한다.

4장

사이비 리더와 조폭 두목의 7가지 공통점

Korean Leadership

우리 주변에는 '준비된 리더'임을 자처하는 사람들이 너무나도 많다. 그런데 '지식'이나 '디지털'이라는 프리즘으로 통찰해 볼 때, 그들 대부분은 함량미달의 사이비 리더임을 금방 알 수 있다. 그런데 재미있는 것은, 이들 사이비 리더가 보여주는 일련의 현상이 조직폭력배(이하 조폭) 두목의 그것과 매우 유사하다는 점이다.

:: 사이비 리더와 조폭 두목의 공통점 ::

우선 사이비 리더와 조폭 두목간의 가장 큰 공통점은 볼썽사나운 패거리를 만들어 '끼리끼리의 횡포'를 만끽한다는 사실이다. 감성지수(EQ), 열정지수(PQ), 사회성지수(SQ), 도덕성지수(MQ), 변화지수(CQ), 창의성지수(OQ), 지능지수(IQ), 기록지수(RQ) 등이 일천한 그들은 패권 쟁취를 위해 개인의 사적인 연緣과 거짓말은 물론 중상모략까지 총동원한다. 그리고 패권을 잡으면, 자신에 대한 충성도의 크기에 따라 이권을 차등배분하고 조직구성원간의 내부 충성 경쟁을 유도함으로써 자신의 권위와 입지를 견고하게 구축해 나간다.

둘째, 자신이 속한 조직의 대승적 발전이나 대내외적 명예, 전체 조직구성원의 복리·후생증진은 안중에도 없고, 오로지 개인의 부질없는 출세욕과 사익私益 추구에만 심혈을 기울인다는 점이다. 또 그들은 자신과 조직구성원의 관계를 수평적 대등관계가 아니라 수직적 신분관계로 착각하고, 단선적 명령과 그에 따른 철저한 이행만이 조직발전의 원동력이라고 강변한다. 그들에게 있어 조직구성원의 효율적 사고나 기발한 발상은, 단지 자신의 드높은 권위를 손상시키는 준準도전적 행위에 불과할 따름이다.

셋째, 자신의 명령을 거부하거나 이의를 제기하는 자에 대해서는 '아我와 비아非我의 투쟁' 또는 '아군과 적군'이란 이분법적 관점에서 무참히 짓밟고 숙청해 버리는 비정함을 보여준다는 사실이다. 더구나 그들은 수시로 조직 내에 공포분위기를 조성함으로써 조직구성원이 잔뜩 겁을 먹고, 마치 자신을 사이비 종교의 교주처럼 맹신하도록 강요한다. 그러다 보니 그들에게서는 선의, 겸손, 신뢰,

존경이라는 희망적인 단어를 눈곱만큼도 찾아볼 수 없다.

넷째, 참다운 리더는 좌우상하간에 균형을 잡게 해주는 두 개의 큰 귀를 갖고 있는데 반해, 사이비 리더와 조폭 두목은 항상 듣기 좋은 말만 취사선택해서 듣는 이상한 귀를 한 개만 갖고 있다는 점이다. 한쪽 날개만 가진 새는 창공을 향해 날아갈 수 없듯이, 귀가 한 개뿐인 그들은 더 이상 합리적이거나 정상적인 인간이 아니다.

게다가 그들 대부분은 보편적 시각으로 세상을 바라보지 않고, 오로지 자신들의 왜곡된 잣대로 세상을 직시하며 견강부회牽强附會에 대단히 익숙한 궤변논자들이다. '충언忠言이 귀에 거슬리지만 몸에는 좋다.'는 아름다운 조언이 그들에게는 한낱 어린애의 잠꼬대 같은 소리로밖에 들리지 않는 모양이다.

:: 언행일치의 여부가 리더 판단의 시금석 ::

다섯째, 능수능란한 세 치 혀를 이용해 남의 환심을 사는데 비상한 재주를 갖고 있는 것도 그들만의 공통점이다. 그들은 "당신이 없으면 우리 조직은 무너진다!", "당신은 우리 조직의 보배다!"와 같은 감언이설로 조직구성원의 냉철한 이성을 마비시키는 히로뽕 세례를 퍼붓는 데 주력한다.

여섯째, 나가야 할 때와 물러날 때를 제대로 알지 못해 심복들에게 비극적인 죽음을 당하거나 꽁지 빠진 장끼(수꿩)의 초라한 몰골로 은퇴를 강요받는다는 점이다. 참다운 리더는 《주역周易》의 〈문언전文言傳〉에 나오는 '지지지지 지종종지知至至之 知終終之(이를 곳을 알아서 이르고, 멈출 곳을 알아서 멈춰야 한다)'를 리더십의 금과옥조로 여기고 그것을 철저하게 실천하는 사람이다. 그러나 사이비 리더와 조폭 두목은 권력이나 이권에 대한 끝없는 탐욕에 눈이 멀어 그만 멋있게 물러날 타이밍을 놓치고, 참담한 종말을 맞이한다.

일곱째, 참다운 리더는 자기 후임자의 짐을 덜어주는데 반해, 사이비 리더와 조폭의 두목은 후임자에게 무거운 짐만 떠넘기고 비참하게 사라진다는 점이다. 이것은 이미 논객 홍사중이 《리더와 보스》라는 책에서 강조한 바 있다.

전임자는 후임자에게 있어 일종의 거울인 동시에 반면교사다. 전임자가 뛰어나고 많은 업적을 남겨 놓으면, 후임자는 전임자의 좋은 점을 본받아서 성공적인 리더가 될 수 있다. 그러나 전임자가 사악한 인간이었을 경우에는, 그 사람이 저질러 놓은 각종 폐해를 치유하기 위해 많은 수고를 기울일 수밖에 없다.

그 결과, 전임자를 잘못 만난 후임자는 잇따른 격무로 과로사를 당하거나 자신이 세웠던 목표의 절반도 완수하지 못한 채 리더의 자리에서 힘없이 내려올 가능성이 매우 크다. 그런데도 유권자들은 학연, 지연, 혈연, 종교연만으로 조폭 두목과 같은 사이비 리더를 계속해서 뽑아줄 셈인지 묻고 싶다.

▶ 《논어》를 보면, '무의無意 무필無必 무고無固 무아無我'라는 글귀가 나온다. 여기서 무의란, 자신의 주관만으로 억측하지 않는 것을 의미하고, 무필은 자신의 생각을 무리하게 관철시키려고 노력하지 않는 것을 말한다. 또 무고란, 하나의 판단에 집착하지 않는 것을 뜻하고, 무아는 다른 사람의 사정도 함께 고려하는 것을 의미한다.

▶ 공자는 무의, 무필, 무고, 무아에 철저했다고 하니, 우리는 그의 균형 잡힌 인간상을 미루어 짐작할 수 있다. 앞으로 리더가 되고 싶은 사람들은 공자처럼 균형 잡힌 인간상을 정립하기 위해 가장 먼저 자신을 갈고 닦는 수신修身의 길에 최선을 다해야 한다.

5장

뽑지 말아야 할 사이비 리더의 7가지 유형

Korean Leadership

누가 뭐라 해도 디지털 시대의 3대 화두는 스피드, 변화, 차별성이다. 그런 만큼 리더들의 부침도 빠르게 진행되고 있다. 이와 관련해 선거에서 우리가 결코 뽑아서는 안 될 사이비 리더의 7가지 유형을 살펴보면 다음과 같다.

:: 디지털형 리더로 부적합한 7가지 유형
::

첫째는 시대의 변화에 장님인 '돌쇠형 인간'이다. 이런 유형의 리더는 우물 안 개구리식 사고로, 변화지수(CQ)가 낮은 사람이다. 조선개국 200주년 기념식을 참담한 임진왜란으로 대체시킨 선조,

대한제국을 물 말아먹은 고종과 흥선대원군, 한국 경제를 IMF에게 통째로 상납한 YS와 같은 부류의 인간이 그 대표적인 예다.

둘째는 아랫사람을 신뢰하지 못하고 권한 위임에 매우 인색한 '좀팽이형 인간'이다. 훌륭한 리더는 '의인막용 용인물의疑人莫用 用人勿疑(의심이 가는 사람은 쓰지 말고, 일단 썼으면 그 사람을 믿어라)'의 철학을 실천한다. 그러나 사이비 리더는 남들도 자신처럼 사악한 사람일 것으로 간주하고, 그들을 불신하는 고약한 버릇이 있다. 장관이나 도지사가 사무관의 업무까지 챙기려들고, 시장과 군수가 계장의 일까지 관장하려드는 한심한 작태는 전적으로 아랫사람에 대한 신뢰감 부족에서 비롯된 것이다. 리더가 부하의 능력이나 행동을 의심하는데, 어떤 부하가 그런 상사를 과연 리더로 믿고 따라줄까?

셋째는 '인仁'과 '엄嚴'에 대한 균형감각을 상실한 채, 파쇼적 독재나 지나치게 우유부단한 자세로 일관하는 '돌아이石頭형 인간'이다. 여기서 '인'은 타인의 입장을 배려해 주는 따뜻한 마음가짐을 의미하며, '엄'은 신상필벌信賞必罰을 토대로 원칙을 중요시 하는 자세를 말한다.

참된 리더는 '인'과 '엄'의 조화를 통해 리더로서의 권위와 조직 내 활력을 도모해 나가는 사람이다. 인간은 본디 사익을 추구하는 속성이 있기 때문에, 리더가 '인'으로 일관하면 조직 내에 무사안일이 팽배하게 되어 조직의 활력이 사라지게 된다. 그렇다고 리더가 '엄'만 추구하면 구시대적 권위주의와 면종복배面從腹背가 판을 쳐서 조직의 경쟁력이 크게 떨어지는 문제가 발생한다. 따라서 이런 돌아이형 인간을 리더로 옹립한 조직은 필연적으로 절망과 붕괴의 블랙홀에 빠질 수밖에 없다.

넷째는 사람들을 외집단(타인)과 내집단(우리)으로 분류한 후, '우리'에 속하는 자들만 철저하게 챙겨줌으로써 조직 전체의 팀워크를 깨는 '상어형 인간'이다. 사납기 그지없는 상어조차도 제 새끼나 동료는 공격하지 않는다고 한다. 그러나 나머지 모든 대상들에 대해서는 무차별적으로 잔인하게 공격하는 게 상어가 가진 특성이다.

디지털 시대는 비전, 지식, 정보의 공유를 통한 휴먼-네트워크 구축이 경쟁력의 핵심원천이며, 그 전제조건은 조직구성원간의 열린 마음이다. 그런데 상어형 인간은 자기편만을 챙겨주고 끌어주기 때문에 조직 내 갈등과 분열을 조장하는 특징이 있다. 또 상어형 인간은 일반적으로 지식수준은 낮은 반면 막무가내로 밀어부치는 정신은 강하기 때문에, 중·장기 비전을 설정하지 않고 자신의 기분이 내키는 대로 조직을 운영하는 경향이 강하다. 따라서 그런 유형의 리더를 둔 조직은 적자생존의 원리가 치열하게 작용하는 디지털 사회에서 살아남기 어렵다.

다섯째는 돌다리도 두드려보고 건너려는 '안전제일주의형 인간'이다. 디지털 시대의 가장 큰 특징은 변화의 속도가 무척 빠르다는 점이다. 그만큼 사회전반에 위험과 불확실성이 높아질 뿐만 아니라 리더의 빠른 의사결정이 요구되기도 한다. 그런데 안전제일을 강조하는 리더는 소심한 사람들로서 위기관리능력이 수준 이하라는 특성을 지니고 있다.

위기危機라는 단어를 살펴보면, 위태로울 '위危'와 기회 '기機'의 합으로 구성되어 있다. 이것은 '기회란 위험한 순간을 잘 극복한 결과로 얻어지는 것이지, 결코 안전한 상황에서 노력도 없이 거저 얻을 수 있는 게 아니다'라는 것을 시사한다. 그러므로 안전제일주의를 지향하는 리더는 결코 디지털 시대의 리더가 될 수 없다. 이와 관련해 "마누라와 자식만 빼고 모두 다 바꾸라!"고 역설한 모 재벌 회장의 말이 오늘을 살아가는 우리들에게 많은 것을 시사해준다.

여섯째는 내핍과 절약밖에 모르는 '노랭이형 인간'이다. 디지털 시대는 무엇보다도 효율과 생산성 증대를 중시한다. 그런데 수전노처럼 절약만 강조하는 사람이 리더의 역할을 수행할 경우, 합리적 차원에서 조직의 비즈니스 활동은 큰 제약을 받을 수밖에 없다. 디지털 사회는 1원을 투입해 1원 이상의 효과를 끄집어 낼 자신만 있다면, 1원을 아끼기보다는 오히려 공격적인 자세로 1원을 투자할 줄 아는 사람에게 더 높은 점수를 주는 사회다.

게다가 지금은 '티끌 모아 태산'과 같은 주장이나 '돼지 저금통' 논리가 약발을 받는 시대가 아니다. 실질 금리가 거의 제로인 상태에서 무슨 수로 티끌을 모아 태산을 만들 수 있단 말인가! 따라서 이제는 자본의 흐름과 생리에 대한 냉철한 인식을 토대로, 위기관리 기술과 합리적 투자를 위한 금융공학 지식으로 무장해야만 적어도 금융 사기꾼들로부터 자신과 국민들의 재산을 지켜낼 수 있다. 그런 의미에서 시대착오적인 구호, 즉 '황금 보기를 돌같이 하라!'를 외치면서 '돈이 기회를 보장해 준다'는 유태인들의 금전관金錢觀을 비꼬는 사람은 앞으로 디지털 리더가 될 자격이 없다.

일곱째는 충심에서 하는 고언과 아첨을 구분하지 못하고, 얇은 귀와 선천적인 단순 무식함으로 인해 참다운 인재를 외면하고 구박하는 '네로형 인간'이다. 리더가 디지털 리더로서 성공하려면 자신의 비전을 실현시킬 수 있는 인재들의 중용이 필요하다. 그러나 네로형 인간은 아첨에 능숙한 추종세력들이 펼치는 '인의 장막'에 사로잡혀 조직 발전에 꼭 필요한 인재를 배척할 가능성이 매우 크다.

:: 인재를 적재적소에 활용할 줄 아는 사람이 진짜 리더 ::

따라서 디지털 리더로 성공하기 위해서는 적어도 자기 나름대로의 명확한 인재 식별법을 갖고 있어야 한다. 과거 한 시대를 풍미했던 리더들, 이를테면 이순신 장군, 세종대왕, 제갈공명, 링컨 대통령, 처칠 수상, 맥아더 장군 등은 자기 나름대로의 인재 식별법에 입각해 뛰어난 인재를 발굴하는데 성공했다. 그리고 그들 인재가 자신의 역량을 마음껏 발휘할 수 있도록 적극 후원해 줌으로써, 청사에 길이 남을 위대한 리더가 될 수 있었다.

그런 관점에서 바라볼 때, 동량棟樑과 중인重人(아첨으로 최고 권력자의 총애를 받고 오랫동안 신임을 받아온 막후의 실력자)을 구별하지 못하고 아부꾼이나 예스맨들의 혓바닥에 놀아나는 네로형 인간이야말로 우리가 가장 경계해야 할 사이비 리더의 전형이다.

김덕수 · 정현애 박사의 리더십 수첩

▶ 《순자》를 보면 '인지환 폐어일곡이암어대리人之患 蔽於一曲而闇於大理' 라는 글귀가 나온다. 이는 '인간의 결점은 한 면만 보고 전체를 파악하는데 있다.' 라는 의미다. 순자는 "인간의 마음에 혼란이 생기는 것은 편견과 개인적인 감정에 입각하여 처음과 끝始終, 가깝고 먼 것遠近, 넓고 좁음廣狹 중에서 한쪽에 치우쳐 있기 때문이다."라고 일갈했다.

▶ 인간은 누구나 매사를 자신의 개인적인 기준에 적용시켜 생각하려는 이기적인 측면이 있다. 순자는 그것의 극복을 위한 전제조건으로 ①고정관념의 탈피, ②냉정한 판단력의 함양, ③정확한 정보의 입수 등을 제시했다. 숲만 보고 나무를 보지 못하거나, 나무만 보고 숲을 보지 못하는 사람은 참다운 리더로서 성공하기 어렵다는 점을 염두에 둘 때, 디지털 리더를 꿈꾸는 사람들은 순자의 지적에 대해 심사숙고할 필요가 있다.

6장

디지털 리더의 7가지 절대 덕목
Korean Leadership

시대가 산업화 사회에서 디지털 사회로 변한 만큼, 이제는 리더
십의 패러다임도 제왕적 리더십이나 관리자형 리더십에서 CEO형
리더십으로 바뀌어야 한다는 게 우리 사회의 공론인 것 같다. 그런
데 CEO형 리더십은 다음과 같은 7가지 절대덕목이 전제되어야 크
게 성공할 수 있다.

그 첫째는 '지혜'다. 지금은 강도 높은 노동경쟁의 시대가 아니라
변화와 속도, 그리고 신뢰가 필요한 전략경쟁의 시대다. 따라서 리
더는 사회 변화의 방향과 속도를 정확하게 가늠할 수 있는 수준 높
은 안목과 균형감각을 갖고 있어야 한다. 그런 점에서 과거 한국 경
제를 파탄시켰던 어느 누구처럼 "머리를 빌릴 수는 있지만, 건강은
빌릴 수 없다."라고 주장하면서 조깅에 열중했던 사람과 같은 부류

의 인간들은 더 이상 디지털 시대의 진정한 리더가 될 수 없다.

둘째는 '감성의 소유'다. 디지털 사회는 느낌, 즉 감성의 시대다. 느낌과 감성의 공명共鳴이 신뢰 형성의 기본이고, 고부가가치를 낳는 콘텐츠 개발 역시 고감도 감성이 전제되어야만 가능하다. 배우 출신인 레이건이 미국의 대통령 직을 두 차례나 수행할 수 있었던 것도 그의 탁월한 감성지능 때문이었다.

셋째는 신뢰를 바탕으로 '휴먼-네트워크를 견고하게 설정할 수 있는 능력'이다. 이는 부정부패의 온상이 되어 온 학연, 혈연, 지연, 종교연을 미련 없이 떨쳐버리고 지식과 업무 중심의 선순환적善循環的 연결고리를 만들어 나갈 수 있는 능력을 말한다. 따라서 편협한 민족주의나 지역감정을 선거에 악용하면서 '끼리끼리의 횡포'를 즐기려는 사람들은 디지털 리더로서의 자격이 없다.

넷째는 '깨끗한 도덕성'이다. 디지털 사회는 '어항 속의 금붕어'처럼 모든 것에 대해 검증이 가능한 투명사회다. 일례로 스마트카드를 추적해 보면, 언제 어디서 누구와 무엇을 먹었는지, 또 언제 어느 곳을 다녀갔는지 까지 자세히 알 수 있다.

모든 것이 철저하게 공개되고 까발려지는 투명사회에서는 감출 것이 전혀 없는, 그래서 도덕적으로 깨끗하고 양심적으로 떳떳한 사람들이 위대한 리더십을 발휘할 수 있다. 그런 의미에서 과거 권력 남용이나 부정부패와 관련된 인간들은 이제 리더의 길을 깨끗하게 단념하고 집에서 소일하는 게 국가와 민족을 위해서 바람직하다.

다섯째는 '남과 분명하게 구분되는 차별성'이다. 아날로그 사회에서는 순응이 미덕이었지만, 디지털 사회에서는 남보다 튀는 것이 자신의 경쟁력이자 새로운 가치로 인정받는 시대다. 이는 우리 사회가 역발상의 자세로 새로운 세계를 창출해낼 수 있는 사람을 애타게 기다리고 있음을 시사한다.

여섯째는 신념과 두둑한 배짱에 기초한 '불굴의 도전정신'이다. 디지털 사회의 주된 특징은 변화의 속도가 매우 빠르다는 점이다. 그런 변화를 즐기고 주도해야만 진정한 리더가 될 수 있다. 그런데 사람들은 자신에게 익숙한 것만 좋아하고 변화를 싫어한다. 변화에는 항상 위험과 불확실성이 수반될 뿐만 아니라 기득권의 포기에 따른 아쉬움이 매우 크기 때문이다. 따라서 '나를 따르라!'고 외쳐야 하는 리더로서는 기득권에 대한 집착을 버리고 낯선 변화에 과감하게 도전하려는 모험정신이 필요하다.

일곱째는 '과언다문寡言多聞'이다. 이는 '말은 적게 하고 귀는 크게 열어 놓아야 한다'는 뜻이다. 말을 많이 하게 되면 그마만큼 실언을 할 가능성이 높기 때문이다. 리더의 영어 첫 자가 'L'로 시작하는 것도, 어찌 보면 '듣기(Listening)를 잘하라!'는 뜻에서 비롯된 것이 아닐까. 또 성인聖人의 '성聖' 자를 풀어보면, '耳(귀) + 口(입) + 士(선비)'의 합으로 구성되어 있다. 이는 먼저 남의 말을 경청한 후, 나중에 말을 적게 하는 선비가 곧 성인임을 뜻한다. 게다가 인간의 귀는 두 개이고, 입은 하나다. 이는 조물주께서 우리 인간들에게

"남의 말을 많이 듣고, 당신의 말은 가급적 적게 하라!"는 가르침을 주시기 위해 그렇게 한 것이 아닐까 싶다.

미국의 경영학자 피터 드러커(Drucker, Peter Ferdinand, 1909~2005)는 "Listen First, Speak Last"라고 말한 바 있다. 비록 상대방의 의사전달능력이 부족하다 해도 그가 제시하는 메시지와 핵심 아이디어에 집중하며, 편견을 갖지 말고 그의 말을 끝까지 경청하는 리더가 훌륭한 리더라는 것이다. 우리의 정치 리더들이 가슴 속 깊이 새겨놓을 만한 말이다.

김덕수 · 정현애 박사의 리더십 수첩

▶《맹자》를 보면 '천시불여지리 지리불여인화天時不如地利 地利不如人和'라는 글귀가 나온다. 이는 '천시(실행의 타이밍)는 지리(입지조건)에 미치지 못하고, 지리는 인화(조직 내부의 단결)에 미치지 못한다'는 뜻이다. 맹자는 인화가 조직발전의 핵심동인이라고 주장하면서 리더들에게 "모든 조직구성원들이 믿고 따를 수 있는 비전과 명확한 목표를 제시하면서 인화에 힘써야 한다."고 주문한 바 있다.

▶ 조선의 역사를 통틀어 인화에 가장 뛰어난 능력을 발휘한 리더를 뽑으라면 단연 이순신이 1위를 차지할 것이다. 그는 특유의 감성을 토대로 조선 수군이 나가야 할 비전과 목표를 명확히 제시함으로써 이반離反된 민심을 하나로 묶는 데 성공했다. 식자들은 그런 능력을 인심수람술人心收攬術이라고 하는데, 이순신은 인심수람술의 대가였다. 23전 23승의 불패 신화도 이를 토대로 이루어진 것이다.

7장

비전 제시는 리더의 몫

Korean Leadership

우리나라 유행가 중에서 비전과 관련된 노래들이 적지 않다. 그 중에서도 필자는 국민가수 이미자씨가 부른 노래 '황포돛대'와 청소년시절 학교에서 배웠던 '사공의 노래'가 비전의 의미를 가장 잘 반영해 주는 곡이라고 생각한다. 우선 '황포돛대'와 '사공의 노래' 가사를 소개하면 다음과 같다.

마지막 석양빛을 기폭에 걸고, 흘러가는 저배는 어디로 가느냐.

해풍아 비바람아 불지를 마라, 파도소리 구슬프면 이 마음도 구슬퍼.

아, 어데로 가는 배냐, 어데로 가는 배냐, 황포돛대야.

순풍에 돛을 달고 황혼 바람에, 떠나가는 저 사공 고향은 어디냐.

사공아 말해다오 떠나는 뱃길, 갈매기야 울지 마라 이 마음이 서럽다.

아, 어디로 가는 배냐, 어디로 가는 배냐, 황포돛대야.

– 가수 이미자의 '황포돛대' 전문

두둥실 두리둥실 배 떠나간다. 물 맑은 봄 바다에 배 떠나간다.

이 배는 달 맞으러 강릉 가는 배. 어기야 디여라차 노를 저어라.

순풍에 돛달고서 어서 떠나자. 서산에 해 지며는 달 떠온단다.

두둥실 두리둥실 배 떠나가네. 물 맑은 봄 바다에 배 떠나간다.

– 홍난파가 작곡한 '사공의 노래' 전문

'황포돛대'는 비전을 상실한 선원들의 처량한 심정을 잘 나타내 준다. 황포돛대의 선장은 그 배의 리더다. 그런데 선장은 황포돛대가 나가야 할 목표와 방향을 분명하게 제시하지 못하고 있다. 그러니까 선원들의 마음이 두렵고 구슬픈 것이다. '해풍아 비바람아 불지를 마라'는 선원들의 하소연이 그것을 잘 대변해 주고 있다. 또 '아, 어데로 가는 배냐, 어데로 가는 배냐. 황포돛대야'라는 울부짖음은 이제 모든 것을 포기해 버린 선원들의 참담한 심정, 그 자체다.

:: 비전은 희망을 샘솟게 하는 묘약
::

한편, '사공의 노래'를 들여다보자. 거기에는 선장의 비전이 분명하게 제시되어 있다. 즉 목표와 방향이 일목요연하게 드러나 있는 것이다. 배가 출항하는 목적은 '달맞이를 하러 가는 것'이고, 최종 항해 목적지는 강원도의 강릉이다. 이처럼 목표와 방향이 분명하니까, 모든 선원들이 신바람을 낼 수 있다. '어기야 디어라차, 노를 저어라'가 희망에 부푼 선원들의 마음을 잘 나타내준다.

일반적으로 음악 애호가들은 우리나라 유행가나 가곡을 서양의 클래식과 팝송에 비해 한수 아래로 평가하는 경향이 강하다. 일방적으로 폄훼당하는 우리나라 노래에서 이와 같은 아름다움을 발견할 수 있다는 게 여간 신기하고 놀랍다. 그런 의미에서 작곡가들이 만든 곡에다 주옥같은 노랫말을 붙이는 우리나라 작사가들의 솜씨와 세상의 민심을 읽어내는 안목에 절로 고개가 숙여진다.

비전과 관련된 국내 유행가는 이밖에도 몇 곡이 더 존재한다. 독특한 인생철학과 특유의 음악세계를 추구하는 가수 송창식 씨가 1970년대에 불러 히트시킨 '고래사냥'이 그 한 예다. 훗날 영화로까지 제작되었던 '고래사냥'의 노래가사는 다음과 같다.

술 마시고 노래하고 춤을 춰 봐도, 가슴에는 하나 가득 슬픔뿐이네.
무엇을 할 것인가 둘러보아도, 보이는 건 모두가 돌아앉았네.

자, 떠나자 동해바다로, 삼등 삼등 완행열차 기차를 타고.

간밤에 꾸었던 꿈의 세계는, 아침에 일어나면 잊혀지지만
그래도 생각나는 내 꿈 하나는 조그만 예쁜 고래 한 마리
자, 떠나자 동해 바다로, 신화처럼 소리치며 고래 잡으러.

우리의 사랑이 깨진다 해도 모든 것을 한꺼번에 잃는다 해도
모두들 가슴 속에 뚜렷이 있다, 한 마리 예쁜 고래 하나가
자, 떠나자 동해 바다로, 신화처럼 소리치며 고래 잡으러.

- 가수 송창식의 '고래사냥' 전문

위 가사의 도입부분을 보면 전체적인 분위기가 서글픈 느낌을 준다. 사람들이 무엇을 해야 할지, 또 어느 것부터 시작해야 할지 잘 모르기 때문이다. 그러니까 술을 먹고 춤을 춰 봐도 흥이 나지 않는 것이다. 그러나 중반 부분부터 노래의 템포가 빨라지기 시작하고, 노래하는 사람도 신바람이 나기 시작한다. 왜냐하면 목표와 방향이 정확하게 제시되고 있기 때문이다. 즉 '고래를 잡겠다.'는 목표와 '동해 바다'라는 방향이 분명하게 드러나기 때문이다. 이처럼 비전은 사람들로 하여금 절망 속에서도 희망을 갖게 하는 묘약 중의 묘약이다.

:: 정치 리더의 진정한 역할은 무엇인가?
::

필자는 YTN의 '돌발영상' 프로그램을 지켜보면서 우리나라 정치 리더들의 의무와 정체성에 대해 많은 생각을 한다. "도대체 국회에서 거들먹거리는 저들은 누구이며, 무엇을 하는 사람들인가?"라고 말이다. 우리나라 정치 리더들은 하나같이 좋은 옷을 입고, 체어맨이나 에쿠스급의 검은색 세단을 타고 다닌다. 또 별 다섯 개의 오성 특급호텔에서 값비싼 음식으로 배를 채우고, 거액의 세비와 판공비를 지급받으며 여러 명의 유급 보좌관을 거느리고 있다. 거기에 만족하지 못하는 일부 의원들은 지하주차장이나 자기 집에서 수억 원의 현금 다발이 들어있는 사과궤짝을 선물받기도 한다. 그러면서도 말로는 지역민이나 지역 유권자들의 심부름꾼이라고 떠벌린다.

그런데 그들의 행동거지를 면밀히 살펴보면, 어느 구석에서도 심부름꾼의 체취를 느낄 수 없다. 오만불손하기 그지없는데다, 한입 갖고 여러 가지 얘기를 능수능란하게 잘 한다. 또 세계의 도도한 흐름과 높다란 마음의 장벽을 쌓은 채, 저잣거리의 조직폭력배 수준의 파당을 지어 당론黨論이라는 이름으로 '끼리끼리의 횡포'를 만끽하는데 익숙한 자들이 바로 그들이다.

그런데도 정치가 왜 필요하며, 정치 리더들을 계속해서 뽑아야 하는 이유가 무엇이냐고 항변하는 사람은 그리 많지 않다. 그것은 현재 한국 정치의 기능이 삼류이고 정치 리더들 역시 함량미달이지만, 과거 아테네 시대와 같은 직접 민주주의가 불가능하다고 생각하기 때문이다. 그러나 디지털 시대의 전자 민주주의가 본격화될 경우, 가장 먼저 사라질 직업이 정치인이란 것도 이제는 정치 리더들이 심각하게 받아들일 때다. 지금처럼 정치 리더들이 대다수 국민들로부터 불신을 받는 한, 그들의 수명은 초읽기에 들어갔다고 해도 과언이 아닐 것 같다.

현재 국민들이 정치와 정치 리더들에게 기대하는 것은 모든 국민들이 밝은 미래를 향해 나갈 수 있는 올바른 비전의 설정이다. 정치 리더들의 무능과 부정부패로 상처받은 국민들이 가수나 코미디언들을 통해 위로받고 잠자리에 드는 사회는 결코 일류국가가 될 수 없다. 정치와 정치 리더들이 국민들에게 꿈과 희망을 심어주는 나라야말로 진정한 일류국가다. 대통령은 전 국민에게, 시장과 도지사는 시민과 도민들에게, 구청장은 구민들에게, 이장은 마을 사람들에게 미래의 꿈과 희망을 심어주는 자리이지 결코 군림하는 자리가 아니다. 그런데도 그렇게 하는 정치 리더들이 거의 없다. 오로지 '뜸방 각하'들만 넘쳐날 뿐이다.

그런데 비전은 아무나 만들 수 있는 게 아니다. 비전을 설정하기 위해서는 무엇보다도 남다른 안목으로 세상이 변화하는 방향과 속도를 가늠할 수 있어야 하고, 흩어진 민심을 하나로 엮어낼 수 있는 국민대통합의 장을 펼쳐나갈 수 있어야 한다. 또 예측불허의 다양한 위기들을 슬기롭게 극복하면서 자신이 이끄는 조직구성원들의 육체적 안녕과 사유재산권을 확실하게 지켜주어야 한다. 그것이 정치 리더들에게 요구되는 절대 덕목이다.

:: 그렇다면 무엇이 비전인가?
::

비전이란, 국가나 조직이 나가야 할 장기적인 목표와 바람직한 미래상을 말한다. 또 그것을 접했을 때, 가슴이 울렁거릴 정도로 커다란 희열감을 느낄 수 있어야만 진짜 비전이다. 보험회사의 지역영업소에 가 보면, 영업직원들의 이름 위에 보험수주실적이 막대그래프로 표시되어 있다. 만약 지역영업소장이 그 실적표 위에다 '우리 모두 보험수주실적에서 1등을 하자!' 라고 써 붙여 놓았다면, 그것은 비전이 아니다. 왜냐하면 보험사의 영업직원들이 그 문구를 보고 가슴 뜨거운 희열감을 느끼기보다는 "아이고, 나는 이제 죽었구나! 나처럼 대인관계가 넓지 못한 사람이 무슨 수로 저놈의 1등을 차지할 수 있을까?"를 놓고 고민하다가 사표를 낼 가능성이 매우 크기 때문이다.

그러나 1961∼1970년대 말 우리나라 개발독재시대를 이끌었던 박정희가 온 국민들에게 제시했던 "1980년대만 되면 집집마다 자가용을 굴릴 수 있을 것입니다. 그날을 위해서 우리 모두 허리띠를

졸라매고 열심히 일합시다!"라는 말은 명확한 비전이었다. 오토바이도 흔하지 않았던 빈곤의 시대에 마이카 시대의 도래를 주창한 박정희의 대국민 약속은 국민들에게 하나의 희망이자 꿈으로 작용했다. 당시 박정희의 비전에 딴지를 걸었던 사람들은 무능력한 야당 정치인들과 민주화 운동에 참여했던 사람들뿐이었다. 대다수의 선량한 국민들은 박정희가 제시한 비전에 환호했고 열심히 땀 흘려 일했다. 그 결과, 우리 국민들은 보릿고개의 서러움을 보기좋게 극복하고 1980년대의 마이카 시대를 화려하게 열 수 있었다.

물론 이 세상에는 공짜 점심이 없듯이, 박정희의 개발독재가 훗날 무수히 많은 경제, 사회 문제를 야기했음을 부인하기 어렵다. 그렇지만 박정희는 그 시대에 부합하는 비전을 제대로 설정했고, 그것을 국민들에게 유효적절하게 전파함으로써 최단기간에 한국을 신흥공업국의 반열에 올려놓는데 성공했다. 오늘날 한국이 세계 10위권의 경제대국으로 변모할 수 있었던 토대도, 사실은 박정희가 제시했던 비전에 기인한다고 평가할 수 있다. 적어도 비전에 관한 한, 박정희는 훌륭한 정치 리더였다고 생각한다.

한편, 전두환에서 노무현에 이르기까지 우리나라의 역대 대통령들은 포스트 박정희의 비전을 이어가는데 실패했다. 그런 와중에서 새롭게 제기된 것이 '죽은 박정희의 인위적인 부활'이다. 그러나 그것은 시대착오적인 발상으로 비판받아야 마땅하다. 오늘날 우리가 살고 있는 지식정보화 시대는 과거 박정희 버전의 비전과 리더십을 필요로 하지 않는다. 지식정보화 시대에는 그 시대에 부합하는 비전과 리더십이 따로 있기 때문이다. 현재 정치 리더의 자리에 앉아있거나 향후 정치 리더를 꿈꾸는 사람들은 지식정보화 시대를 슬기롭게 헤쳐 나갈 비전의 설정과 제시에 많은 고민과 사색을 경주해야 한다. 그렇지 않는 한, 우리나라의 미래는 결코 낙관할 수 없다. 그런 의미에서 동작동 국립묘지에서 편히 쉬고 있는 박정희를 불러내서 지식정보화 시대를 이끌고 나갈 리더십의 전형으로 삼으려는 시도는, '과거사' 문제에만 집착하며 허송세월하고 있는 사람들의 무모함과 조금도 다를 바 없다.

이제 새 술은 새 부대에 담가야 한다. 디지털 개념으로 중무장한 신진 정치 리더들이 새로운 비전을 제시할 수 있는 정치적 환경을 조성해 주고, 그들에게 힘을 모아줌으로써 정치계의 빅뱅을 유도해야 한다. 그러기 위해서는 유권자들의 세련된 정치의식이 무엇보다 중요하다. 한 나라의 정치 수준은 그 나라 유권자들의 정치의식수준에 정비례하기 때문이다.

▶ 《서경》을 보면 '공숭유지 업광유근功崇惟志 業廣惟勤'이라는 글귀가 나온다. 이는 '계획한 큰일을 성사시키기 위해서는 지志와 근勤이라는 두 가지 조건이 필요하다'는 의미이다. 여기서 '지'는 다름 아닌 목표를 말한다. 우리는 목표의 설정 없이 움직이는 것을 망동妄動이라고 정의한다.

▶ 목표는 클수록 좋다. 그러나 아무리 원대한 목표를 설정했더라도 그것을 실현시키기 위한 합당한 수단과 방법이 수반되지 않으면, 목표 달성은 불가능하다. 그래서 필요한 것이 목표 달성을 위한 끊임없는 노력, 즉 '근'이다. 이는 자신의 인생을 설계하는 데도 그대로 적용된다. 비전, 즉 목표를 원대하게 세우고, 그것을 이루기 위해 각고의 노력을 기울일 때 자신의 삶이 성공적인 것으로 다가오게 된다. 그런 의미에서 21세기 디지털 리더에게도 '지'와 '근'은 반드시 필요하다.

2부

한국인에게
리더십이 있는가

1장

무늬만 법치국가인 나라는 희망이 없다

법치法治란, 한마디로 '법에 의한 지배'를 의미한다. 또 법치는 인치人治나 행치行治와는 대립되는 개념이다. 인치는 독재자 1인에 의한 철권통치를 말하고, 행치는 행정 관료들에 의한 규제規制 중심의 국가경영을 뜻한다. 그런데 21세기는 시장경제 시스템을 근간으로 하는 법치가 인치나 행치를 케이오패시키는 시대다. 그런데도 지금 한국은 전형적인 행치 국가로서, 법치 수준은 낙제점을 면치 못하고 있다. 그러면 우리 사회에서 법치가 제대로 뿌리를 내리지 못하고 있는 가장 큰 이유는 무엇인가?

우선, 법에 대한 한국인들의 심사心思가 다분히 이중적이라는데 문제가 있다. 한국인들은 자신의 자식이나 사위가 판사나 검사가 되기를 은근히 기대한다. 그러면서도 법 자체에 대해서는 그것이 자신들의 자유를 옭아매는 거추장스런 존재로 인식한다.

이처럼 법에 대한 한국인들의 이율배반적 태도는, 타인들 위에 군림할 수 있는 권력은 갖고 싶어 하면서도 정작 자신들은 법의 속박으로부터 해방되고 싶어하는 인간 본연의 이기심에서 비롯됐다. 물론 거기에는 한국인들의 두뇌에 내장되어 전자동으로 작동하고 있는 불량 소프트웨어, 즉 천년 묵은 능구렁이처럼 꽈리를 틀고 앉아 있는 맹자의 성선설性善說이 맹위를 떨치고 있다.

:: '법法' 자에 숨겨져 있는 황당무계한 비밀
::

사실, 법法자에는 '흑염소 마음대로' 라는 황당무계한 비밀이 숨겨져 있다. '법' 자에 대한 은나라 갑골문자는 '물 수(水) + 사슴류 동물 천(薦) + 갈 거(去)' 의 합으로 구성되어 있다. 현대의 '법' 자는 원래의 '물 수(水) + 사슴류 동물 천(薦) + 갈 거(去)' 에서 '천' 자가 제거된 형태이다. 또 갈 거去는 사람을 의미하는 글자와 판결이 재판관의 입에서 나옴을 시사하는 'ㅂ' 자가 합쳐진 모양을 하고 있다.

이것은 고대의 법 집행이 오늘날과 비교해 매우 황당했음을 보여주고 있다. 제정祭政 분리 이전의 고대에서 무당은 곧 종교인, 정치인, 제사장, 재판관이었다. 요즘 특정 신앙을 믿는 일부 인사들이 파당을 지어 무당을 제멋대로 폄훼하는데, 이는 종교에 대한 공부가 턱없이 부족하기 때문이다. 종교에 대한 지식이 형편없기 때문에 진리의 다양성에 눈을 뜨지 못하고 자신들의 종교적 아집만을 주장한다.

법法자에 대한 은나라 갑골문자의 형태

무당巫堂이란 한자에서 '무'자를 유심히 살펴보기 바란다. 위의 가로획은 하늘이요, 아래의 가로획은 땅이다. 그리고 세로획은 하늘과 땅을 연결하는 축이고, 세로획 좌우에 있는 두 명의 사람人은 작두를 타며 춤을 추는 무당과 그녀 앞에 돈과 물건을 갖다 놓고 무언가를 애타게 기원하는 사람(특히 여성)을 의미한다. 이것은 무당이 인간들에게 땅과 하늘을 연결해 주는 중개자였음을 시사한다. 즉 그 당시의 사람들에게 있어, 무당은 오늘날의 예수님과 같이 성스러운 존재였던 것이다.

그런데 무당은 재판을 거행할 때, 피의자로 추정되는 사람들을 물가에 나란히 세워놓고 각자 변론을 하게 했던 모양이다. 그리고 는 뿔이 달린 사슴류 동물(흑염소 등)로 하여금 그들의 등을 뒤에서 들이박게 했다. 이때 무당은 흑염소의 뿔에 찔려 물에 빠진 사람을 죄인으로 간주해 처벌하고, 그렇지 않은 사람은 무죄로 방면했다고 한다. 졸지에 흑염소의 뿔에 찔려 가해자로 몰린 사람의 입장에서 바라볼 때, 이것은 변고 중의 변고가 아닐 수 없다.

위 내용은《공자가 죽어야 나라가 산다》라는 도발적인 책으로 '유교 죽이기'를 위해 팔을 걷어 부치고 나선 상명대 김경일 교수 가 쓴《제대로 배우는 한자교실》의 내용과 일본에서 문화인류학자 로 활발하게 활동하고 있는 일본인 지기知己의 얘기를 참고하여 필 자가 새롭게 각색해 본 것이다.

현대에 들어와서도 법 적용의 형평성은 대다수 국민들로부터 그 다지 높은 신뢰를 얻지 못하고 있다. 일례로 의사, 약사, 한의사, 교 사들의 파업에 대해서는 미지근한 반응을 보였던 검찰과 경찰이, 빽 없고 힘없는 노동자들의 파업이나 농민들의 데모에 대해서는 강경 진압을 하는 게 바로 한국 사회다. 한국 사회에서 용감무쌍한 투캅 스 아저씨들의 곤봉세례를 받지 않으려면, 적어도 끝에 '사' 자가 들 어가는 직업을 가져야 한다. 참으로 서글픈 사회가 아닐 수 없다.

한국의 문화는 5,000년의 유구한 역사 속에서 중국의 고대 문화 와 마치 만수산 드렁칡이 얽혀지듯이 서로 영향을 주고받으면서 발 전해왔다. 그런 과정에서 '혹시 한국 법에 중국 은나라 흑염소의 황당한 그림자가 짙게 드리워진 것은 아닌지?', 또 '중국 은나라의 변종 바이러스가 한국인들의 가치관에 전염되어서 법에 대한 보편적 사고체계를 교란시킨 것이 아닌지?' 하는 의구심이 든다. 아무래도 이 문제는 법 전문가들의 치밀한 내적 성찰과 깊이 있는 연구가 좀더 필요할 것 같다.

한편, 요즘에는 거꾸로 데모진압을 하는 경찰들의 인권이 새로운 사회적 이슈로 제기되고 있다. 물론 노동자나 농민들이 국가의 공권력을 대표하는 경찰들에게 쇠파이프나 몽둥이, 더 나아가 화염병까지 던지는 것은 명백한 불법행위임에 틀림없다. 따라서 그것을 자행한 사람들은 법에 따라 처벌받아야 마땅하다. 필자는 그런 생각을 하면서도 한편으로는 '우리 경찰들이 그동안 법을 공평하게 집행했었는가?' 라는 문제를 제기하고 싶다.

누구든 공권력의 법 집행이 공정하면, 그에 대해 시비를 거는 사람들이 거의 없게 마련이다. 그러나 법 집행에 편파적인 대우나 봐주기가 개입되면, 그때부터 공권력은 더 이상의 권위나 생명력을 잃게 된다. 오늘날 노동자와 농민들이 휘두르는 쇠파이프와 몽둥이 그리고 화염병 속에는 그에 대한 울분과 분노가 깃들어 있음을 정부당국과 경찰청 관계자들은 냉철하게 직시해야 한다.

:: 한국 사회에 법치가 실현되지 않는 세 가지 진짜 이유 ::

이 정도면, 한국 사회에서 법치가 실현되지 않는 진짜 이유가 무엇인지를 분석할 수 있는 배경 지식은 그런대로 갖춘 셈이다. 이제 그 이유를 세 가지 측면에서 살펴보도록 한다.

첫째, 그동안 한국에는 법만 있었을 뿐, 법의 규칙은 아예 존재하지 않았다는 점이다. 법의 규칙이란, 한마디로 법이 만인 앞에서 공평하게 적용되는 것을 말한다. 쉽게 말해서 백악관의 인턴사원이었던 모니카 르윈스키 양과의 섹스 스캔들을 조사하기 위해 당시 미국의 최고 권력자였던 클린턴 대통령을 청문회에 출석시킬 수 있었던 것이 다름아닌 법의 규칙이다.

만일 이와 같은 섹스 스캔들의 주인공이 우리나라 대통령이었다면, 과연 그를 청문회에 내세울 수 있었을까? 아마도 도청을 통한 상대방의 약점 잡기, 돈을 통한 물 밑 회유, '남자의 아랫도리에 대해서는 서로 책임을 묻지 않는다'는 불문율을 통해 청문회를 열지 않기로 의견을 모으지 않았을까? 제3공화국 시절의 최대 섹스 스캔들이었던 '정인숙 사건'이 그것을 입증해 주고 있지 않은가!

이처럼 우리나라 법은 몇몇 정치적으로 끗발 있는 세력가들이 자신의 입맛에 맞도록 마음대로 늘이고 줄일 수 있는 '고무줄 법'이었다. 그런데 '법이 권력 앞에 무력하다.'는 인식이 만연되면, 국민들은 더 이상 그 법을 지키려고 하지 않는다. '윗물이 맑아야 아랫물이 맑다' 라는 말이나 '너나 잘하세요!', '내 걱정하지 마!' 와 같은 비아냥조의 얘기가 우리 사회에서 풍미되는 이유 또한 국민들에게 모범을 보여야 할 정치 리더들이 앞장서서 탈법행위를 일삼았기 때문이다. 여러분은 검찰의 출석요구에 순순히 따랐던 국회의원들을 본 적이 있는가? 법을 만드는 사람들부터 국법을 무시하는데, 어느 누가 그런 엿가락 같은 법을 지키려고 노력하겠는가?

둘째, 법을 지키려는 국민들의 자발적인 준법 행위가 공익 증진은 물론 사익 추구에도 도움이 된다는 사회적 신뢰관계가 깨져 버린 것도 법치가 안 되는 주요 요인이다. 법치는 저절로 실현되지 않는다. 법을 집행하는 행정부가 위법사실을 눈감아주거나 감시활동을 게을리 해서 위법사실을 적발하지 못할 때, 또는 범법행위를 한 이웃이 정당하지 못한 부를 축적할 때 사람들은 법을 어기고 싶은 충동에 빠지게 된다.

법치는 '내가 법을 지키는 만큼 다른 사람들도 법을 잘 지킬 것이다.' 라는 국민 상호간의 믿음과 신뢰가 전제될 때에 한해 실현될 수 있는 개념이다. '법이란 지키면 지킬수록 손해다.', '법을 지켜가며 기업 활동을 하면 반드시 망하게 되어 있다.' 라는 자조 섞인 푸념이 계속되는 한, 법치에 대한 기원은 공염불에 불과하다.

셋째, 맹자의 성선설에 집착하는 한국인 특유의 온고지신溫故知新적 근성도 큰 문제다. 맹자의 성선설적 관점에서는 법이나 사회적 룰을 철저하게 지키려고 노력하는 사람에게 그다지 후한 점수를 주지 않는다. 법을 잘 준수하는 사람에게 '융통성이 없는 사람', 또는 '앞뒤가 꽉 틀어 막힌 꽁생원' 정도로 무시하는 게 한국인들의 기본정서다. 그러다보니, 한국 사회에서 '법대로 하자!'는 얘기는 '막가파 식으로 한번 싸워보자!'는 의미의 선전포고로 간주될 수밖에 없다.

반면, 법이나 사회적 룰에 얽매이지 않고 양심에 따라 처신하는 사람에게는 '법 없이도 살 수 있는 도덕군자', '선비같이 얌전한 사람'이라는 호평과 함께 칭송이 끊이지 않는다. 하지만 양심은 '낮 양심'과 '밤 양심'이 전혀 다르다는 게 문제다. 남들이 지켜보는 벌건 대낮에는 양심적으로 행동을 하다가도 남이 볼 수 없는 밤이 되면 양심불량의 행동을 아무런 거리낌 없이 자행하는 사람들이 적지 않다. 그 점에 관한 한, 필자도 자신이 없다.

외환위기를 불러온 원흉 중의 하나로 세인들에게 회자(膾炙)되고 있는 모럴 헤저드(Moral Hazard)도, 따지고 보면 '도덕(Moral)은 언제나 그 자체로 위험(Hazard)스러울 수밖에 없는 가치기준'이라는 점을 시사해준다.

:: 21세기 한국 사회 발전의 대안은 법치에서 찾자 ::

결론적으로 도덕성 회복운동으로 21세기의 민주 시민 사회를 열려고 하는 일부 도덕론자들의 어설픈 주장은 이제 중지되어야 한다. 우리는 더 늦기 전에, 그 대안을 시장경제 시스템을 근간으로 하는 법치에서 찾고, 시장경제 시스템의 확고한 정립에 사활을 걸어야 한다. 그 전제조건은, 맹자의 성선설이 아니라 순자의 성악설을 우리 사회의 기본인식론으로 기꺼이 수용해야 한다는 점이다.

필자는 이미 오래 전에 맹자와의 의미 없는 사랑을 정리했다. 지금은 순자와의 달콤한 지적 연예를 즐기고 있는 중이다. 인간 세상에 대한 냉철한 관조를 통해, '인간은 본질적으로 사악하다' 는 논리를 도출하고, 그런 인간들을 컨트롤 할 수 있는 사회적 대안으로서 '법치' 와 '시스템적 사고' 를 제안했던 순자의 정신세계를 누구보다 열렬히 사랑하고 싶은 것이다.

▶ 인치, 행치, 법치 중에서는 법치가 진정한 민주주의를 실현하는데 있어서 가장 훌륭한 제도라고 생각한다. 왜냐하면 모든 사람들이 법 앞에서 기회의 평등을 누릴 수 있을 뿐만 아니라 자율과 자유의 보장이 보다 나은 삶의 질을 제공해줄 것이기 때문이다.

▶ 그럼에도 불구하고 옛날 사람들은 그와 같은 법치에 대해서도 일말의 경계를 늦추지 않았다. 《논어》를 보면 '천하다기휘 이민미빈天下多忌諱 而民彌貧'이라는 글귀가 나온다. 이는 '금기'의 종류가 많을수록 백성들의 삶은 어려워진다'는 얘기다. 즉 법치가 인치나 행치에 비해 우세할지는 몰라도 백성들에게 자유와 자율을 최대한 보장해 주는 것에 미치지 못한다는 얘기다. 큰 정부론을 주장하는 사람들, 특히 양극화 해소를 위해서 증세增稅에만 목을 매달리고 '부자 죽이기' 또는 '기업하려는 의욕 죽이기'에 앞장서는 좌파론자들의 포퓰리즘은 이제 냉혹한 비판을 받아야 한다.

2장

'우리이즘'의 장막을 거둬내자
Korean Leadership

평소 한국인들이 가장 많이 사용하는 말은 '우리'라는 용어다. 또 '우리'는 복수의 뜻을 가지며, 홀로 되는 것을 두려워했던 한국인들의 내면세계를 잘 나타내 주는 비밀코드다.

그런데 한국인들은 왜 홀로 되는 것을 가장 두려워했을까? 그것을 이해한다면, 한국인들의 천박한 우리이즘(Weism)에 대한 뿌리가 어디에서 연유된 것인지를 정확하게 알 수 있을 것이다. 우선, 필자는 한국의 전통적인 농경문화에서 그 원인을 찾아보고 싶다.

과거의 농경사회에서, 농사란 결코 농부 혼자서 지을 수 있는 일이 아니었다. 벼 씨의 파종에서부터 모내기, 김매기, 농약살포, 추수, 탈곡에 이르는 일련의 영농활동은 모두 이웃들과의 협동체제(품앗이, 두레 등)를 통해서만 가능했다. 따라서 한 마을에서 따돌림을 받는다는 것은, 곧 농사를 제대로 지을 수 없다는 것을 시사한다. 농사를 짓지 못하는 사람이 농촌마을에서 살 수 없는 것은 지극히 당연한 일. 그러다 보니 농촌마을에서 외톨이가 된다는 것은 마치 죽음과도 같은 두려운 일이었을 것이다.

아직도 일부 시골지역에서는 대동제大同祭나 대동계大同契가 행해지고 있다. 본래 그 제도는 특정 성씨들의 집성촌에서 아웃사이더로 살아가는 다른 성씨의 사람들을 하나로 묶음으로써 농번기에 농사를 함께 짓기 위한 고육지책으로 창안된 것이다. 대학가의 축제 명칭을 대동제라고 명명한 것도 그와 별반 다르지 않다. 즉 거기에는 '비록 우리가 전국 각지에서 온 학생들이지만, 이 축제를 계기로 출신지역, 성씨, 출신 고등학교, 종교의 차이 등을 따지지 말고 함께 잘 지내보자.' 라는 화합의 메시지가 담겨져 있다.

:: '우리'의 어원과 천박한 우리이즘의 실체
::

그러면 '우리' 라는 용어의 어원에 대해서 살펴보자.

'우리'의 어원은 '울타리' 라고 한다. 이는 한양대 명예교수이자 수학자인 김용운 교수가 쓴 책《카오스의 날갯짓》에 일부 소개되어 있다. 그러나 그 책을 읽어보지 않은 사람이더라도 '돼지우리' 가 '돼지 집' 이라는 사실을 모르는 사람은 거의 없을 것이다. 집은 집 안과 집밖을 구분해 주는 울타리(옛날에는 탱자나무를 울타리로 활용하는 경우가 많았다)의 존재를 전제로 한다. 그런 점에서 '우리' 라는 용어는 집안으로 명명되는 내집단內集團과 집밖의 외집단外集團을 구별해서 차별대우를 하는 일종의 심리적 경계선이라고 말할 수 있다. 게다가 '우리' 라는 울타리는 그 대상이 누구냐에 따라 시시각각으로 변하는 특성이 있다.

일례로, 외국인과 한국인이 있을 때, '우리' 는 한국인이고 외국인은 타인이다. 장애인과 비장애인이 있을 경우, '우리' 는 비장애인이고 장애인은 남이다. 같은 학교를 졸업한 사람學緣, 같은 고향 출신地緣, 같은 성씨血緣, 같은 종교를 믿는 사람宗敎緣은 '우리' 이고 그렇지 않은 사람은 모두 남이다.

심지어는 시내버스와 택시에서도 '우리' 라는 천박한 기준이 그대로 작동한다. 시내버스를 타고 있을 때는 버스 기사와 승객이 '우리' 이고, 택시를 탔을 경우에는 택시 기사와 택시 승객이 '우리' 다. 그런데 버스 기사와 택시 기사 사이에 실랑이라도 벌어지는 날이면, 이상한 현상이 일어난다. 버스 승객은 무조건 버스 기사를 응원하고, 택시 승객은 무조건 택시 기사 편에 선다는 것이다. 그들에게는 잘잘못이 누구에게 있느냐가 그렇게 중요하지 않다. 내가 지금 무엇을 타고 있느냐만 중요할 뿐이다. 아마 여러분도 중·고등학교 시절에 버스 통학을 하면서 그렇게 편을 갈라 길거리 응원전을 펼쳤던 아련한 추억을 적어도 한두 번 정도는 갖고 있을 것이다.

또 한국인들은 낯선 사람을 만나면 마치 시골의 똥개들이 코를

쿵쿵거리면서 상대방 개의 체취를 맡기 위해 동분서주하는 것처럼 기이한 행동을 한다. 즉 서로의 명함을 나누면서 자신이 갖고 있는 '우리'라는 기준에 일치하는 지를 열심히 캐묻는다. 대학은 어느 학교를 나왔는지, 학번은 몇 학번인지(학번을 묻는 이유는 내가 마음대로 밟아도 되는 사람인지, 아니면 내가 따뜻하게 선배 대접을 해줘야 하는 사람인지를 확인하기 위해서다. 위·아래를 모르면 불안해하는 사람들이 바로 우리 한국인이다), 고향은 어디인지, 본관本貫은 무엇인지, 무슨 종교를 갖고 있는지? 등이 주요 관심사다.

정작 중요한 것은 물어보지 않는다. 지식정보화 사회에서 가장 중요한 것은 학연, 혈연, 지연, 종교연과 같은 단순한 인연이 아니다. 저 분의 전공분야는 무엇인지, 저 분이 어떤 분야에 관심이 많은 지, 저 분과 협력할 수 있는 영역이 무엇인지에 대해 알아보는 것이 무엇보다 중요하다. 그러나 한국인들은 지연이나 사연에는 별다른 관심이 없다. 왜냐하면 웬만한 업무는 대충 고급 술집에서의 극진한 대접으로 대충 해결할 수 있다고 믿기 때문이다. 지금까지는 그것이 통용되었지만, 앞으로는 그리 쉽지 않을 것으로 생각된다. 또 한 가지 재미있는 것은 그런 부류에 속하는 사람들이 '21세기는 지식정보화 시대다. 변하지 않으면 우리 모두가 다 죽을 수밖에 없다!'는 협박은 더 많이 한다는 점이다.

요즘 한국 사회를 살펴보면 '우리'라는 단순한 기준(학연, 혈연, 지연, 종교연, 민족)만으로 무조건 뭉치고 보는 우리이즘이 날로 심화되고 있다. 그동안 코리아 디스카운트의 주범으로 인식되고 있는 정경유착과 부정부패의 만연, 선거문화의 타락, 고아 수출국 1위라는 오명, 법치의식의 부재, 외국인에 대한 차별대우, 닫힌 민족주의도 천박한 우리이즘에서 파생된 것들이다.

그런데도 한국에서 어느 정도 명성 있는 정치학자, 경제학자, 사회학자, 윤리학자들은 알량한 지식으로 우리 사회를 제멋대로 오진 誤診하고 있다. 그들 대부분은 한국 사회의 진정한 발전은 도덕성의 회복에 있다고 강변한다. 그러면서 단순한 연줄로 '끼리끼리의 횡포'와 '고향 앞으로 갓!'을 만끽하며 한국 사회를 병들게 하고 있는 우리이즘의 타파打破문제에 대해서는 애써 외면한다. 그 이유는 간단하다. 자기네들이 시대착오적인 '스파이더맨'들로서 우리이즘의 최대 수혜자인 동시에 절대 기득권층이기 때문이다.

:: 진정한 사회 발전은 '우리이즘'의 철폐에서 찾아야 ::

앞으로 우리 사회의 발전은 도덕의식의 제고가 아니라 우리이즘의 철폐여부에 달려 있다고 생각한다. 모럴 헤저드(Moral Hazard)가 시사하는 바와 같이, 도덕은 그 자체로 위험한 가치기준이다. 솔직히 말해 필자 역시 도덕이라는 가치 앞에서는 정말로 자신이 없다. 매력적인 여성이 지나가면 아내 몰래 그 여성에게 눈길이 가고, 길가에서 1억 원의 현금 다발을 주웠을 경우 경찰서에 신고하기보다는 그 돈을 얼른 챙겨서 집으로 달려갈 가능성이 높다. 정말로 숭고한 사상을 가지고 꽃동네를 건설했던 모 신부님의 일그러진 모습과 대한민국의 헌법 앞에서 '국헌의 준수와 깨끗한 국정운영'을 맹세했던 대통령들이 저지른 부정부패를 보면서 필자는 도덕의 한계를 뼈저리게 느낄 수 있었다.

그러한 관점에서 도덕의식의 회복은 한국사회 발전의 능동적인 대안이 아니라고 생각한다. 진정한 의미에서 한국사회를 발전시키기 위해서는 가장 먼저 한국인들의 뇌 속에서 오토매틱으로 작동하고 있는 우리이즘이라는 정크파일부터 말끔하게 지워버려야 한다. 영화《이레이져》에 등장하는 아놀드 슈왈제네거(Arnold Alois Schwarzenegger)가 그랬던 것처럼 말이다.

또 이제부터는 '우리'라는 말보다는 '나'라는 당당한 표현을 많이 사용했으면 한다. 영어에서도 '나'를 의미하는 'I'는 어느 영어 문장에서도 항상 대문자이다. 이것은 '내가 주체다'라는 의미에서 그렇게 쓰는 것 같다. 필자는 그것으로부터 미국의 국가 경쟁력을 뒷받침해 주는 당당한 개인주의를 발견한다. 일본어에서도 마찬가지다. 일본어에서는 '우리 엄마'라는 표현은 거의 사용하지 않는다. 오직 '나(와따시)'가 중요시되는 '나의 엄마(私の母)'만이 존재할 뿐이다.

이에 비해 한국인들, 특히 한국의 공직자들은 절대로 혼자서 책임질 일을 하지 않는다. 그래서 그들은 항상 '우리'라는 공동의 이름으로 국정을 수행한다. 가령, 환경대책을 수립할 경우에도 환경부 혼자서 모든 정책을 입안하지 않는다. 나중에 그에 따른 책임을 혼자서 지고 싶지 않기 때문이다. 그래서 환경부는 '우리'라는 울타리 안으로 행정자치부, 건설교통부, 산업자원부, 비상기획위원회, 농림수산부 등을 끌어들여 권한과 책임의 공유를 도모한다. 그런데 공동으로 책임을 진다는 것은, 훗날 문제가 발생할 경우 책임지는 부서가 단 한군데도 없다는 얘기다. 민간인이나 시민단체가 정부정책에 문제를 제기하면, 공동책임을 지겠다던 관료들은 모두 '우리'라는 한통속이 되어 상대방 부서에다 책임을 떠넘기는 핑퐁게임으로 민원인을 희롱한다.

그런데 다행스럽게도 21세기 디지털 시대는 그런 식의 추악한 우리이즘에 대해 철퇴를 가하고 있다. 이제는 세상의 인심이, 그리고 엄청나게 똑똑해진 국민들이 공직자들의 그러한 우리이즘을 용납하지 않을 것이다. 그동안 철옹성의 철밥통으로 유유자적해온 공직자들도 이제 자기자리를 보존하기 위해서는 가재, 새우, 뱀 등 탈피동물의 지혜를 실천에 옮겨야 한다. 탈피동물은 자신이 살기 위해서 목숨을 담보로 하는 탈피를 시도해야 한다. 가재와 새우 그리고 뱀은 탈피를 하는 순간, 천적의 공격을 가장 많이 받는다고 한다. 왜냐하면 탈피를 할 때, 고기 맛이 가장 좋기 때문이다. 여기서 말하는 탈피는 다름 아닌 자기혁신을 의미한다.

:: 복지안동에 익숙한 자들의 비극
::

앞으로 "우리들의 모가지는 저승사자도 포기했다."라는 식으로 객기를 부리는 공직자들은, 도로변에서 죽은 시체로 나뒹구는 고양이의 신세로 전락할 가능성이 크다. 자동차의 불빛이 다가오면, '걸음아 날 살려라!' 하면서 도망쳐야 어떻게 목숨이라도 부지할 수 있다. 그러나 고양이는 도망치기는커녕, 오히려 자신의 배를 도로 한가운데다 바싹 붙이고 눈알만 굴리며 불빛의 정체를 알려고 시도하다가 그만 달리는 차에 치여 죽는 운명을 맞이한다. 따라서 정부는 고양이 같은 복지안동伏地眼動(직장생활 관련 신조어 가운데 하나로 꼼짝하지 않으면서 권력의 향방을 살리기 위해 눈을 돌린다는 뜻)의 자세로 당장의 위기와 책임을 모면해 보려는 공직자들을 가차 없이 퇴출시키는 시스템을 새롭게 구축할 필요가 있다.

우리 국민들 역시 공직자들만 탓할 일이 아니다. 국민들이 먼저 변해야 공직자들에게 변화를 주문하고 그들을 호되게 꾸짖고 그들의 일거수일투족을 감시할 수 있다. 이제는 우리 국민들도 매사에 '책임과 권한을 함께 짊어지고 가겠다'는 주체의식으로 천박한 우리이즘과 작별의 키스를 나눠야 한다. 그렇게 해야만 우리는 비로소 선진 시민으로서의 또 다른 '우리'의 모습을 자랑스럽게 만날 수 있을 것이다.

《논어》를 보면 '군자화이부동 소인동이불화君子和而不同 小人同而不和'라는 글귀가 나온다. '군자는 주체성을 견지하면서 다른 사람과 협조를 잘하지만, 끼리끼리의 횡포를 일삼는 부화뇌동은 하지 않는다. 그러나 소인배들은 군자와 정반대로 부화뇌동만 잘할 뿐, 협조성에는 결함이 있다'는 것이 공자의 생각이다. 이제 훌륭한 리더를 꿈꾸는 사람들은 무엇보다도 '끼리끼리의 횡포'를 깨끗하게 단념하고, 공자의 가르침을 몸소 실천해 나가는데 앞장서야 할 것 같다.

3장

뭉치면 살고, 흩어지면 죽는다?

Korean Leadership

8 · 15 해방 직후인 1945년 10월의 어느 날, 여의도 비행장에 내린 이승만은 특유의 떨리는 음성으로 "뭉치면 살고 흩어지면 죽습니다!"로 시작되는 도착성명을 발표했다. 그 후 지난 60여 년 동안 '이승만 식 단결론'은 절대적인 생존 이데올로기로 한국인들의 마음속에 깊이 각인刻印되어 있다.

지금까지 여러 정치적 상황에 따라 정권 유지나 정권 연장을 위한 구호들이 난무했지만, '뭉치면 살고 흩어지면 죽는다'는 말처럼 엄청난 계략이 숨겨져 있는 것도 찾아보기 어렵다. 개인의 다양한 선호나 개성이 철저하게 무시되고 오로지 국민으로서의 의무만을 강조하는 그 말은, 한국인의 집단주의를 부추겨 온 일종의 최면 논리였다.

:: 지나치게 똘똘 뭉쳐서 순식간에 망해 버린 나라 ::

그동안 '뭉치면 살고 흩어지면 죽는다'는 정신으로 일치단결해서 우리가 얻은 것이 과연 무엇인가? 정치가와 재벌 총수들이 정경유착으로 뭉친 결과, 국가경제는 부실과 부패의 늪에 빠져버렸다. 또 법조계가 전관예우, 전별금, 떡값으로 똘똘 뭉치다보니 이제는 신성한 국법國法마저 조롱의 대상으로 전락하고 말았다.

1997년도 말, 국내 언론들도 "환란 위기의 조짐을 모른척하자."고 뜻을 모았고 공직자들 또한 도원결의를 통해 온갖 부정과 비리를 일삼았다. 서울대 총장을 포함한 일부 부유층 사람들은 신통치 않은 자기 자식들의 명문대 진학을 위해 고액과외로 뭉쳤다. 그들이 누구였는가. 날마다 우리 국민들에게 "나라가 어려울 때일수록 국민들의 힘을 하나로 결집해야 한다."고 호소했던 사람들이 아닌가!

그런데 우리나라가 진정한 선진시민국가로 발돋움하기 위해서는 더 이상 뭉칠 것을 강요하지 말아야 한다. 또 한국인들은 근본적으로 뭉치는 것보다 흩어지는 것을 좋아하는 민족이다. 해외여행을 하면서 한국인, 중국인, 일본인 관광객들의 행태를 자신의 두 눈으로 직접 확인해 보기 바란다.

일본인 관광객들은 모이 주는 사람을 쫓아다니는 병아리 떼처럼, 깃발을 치켜든 관광가이드의 뒤를 졸졸 쫓아다니면서 관광을 한다.

중국인들은 최소한 열명 이상씩 떼를 지어 다니면서 관광을 하는데, 그들의 공통점은 무척 시끄럽다는 점이다. 그에 반해 한국인은 중국인이나 일본인 관광객처럼 행동하지 않는다. 관광가이드가 제 아무리 큰소리로 떠들어도 자신에게 흥미가 없으면, 들은 척도 하지 않고 마음이 맞는 사람들끼리 짝을 지어 흩어진 다음 여기저기를 기웃거리며 관광을 한다. 그래서 관광가이드가 고안해 낸 것이 "몇 분 후에 다시 이 자리에 모여주세요."라는 읍소泣訴 전략이다.

그 뿐만이 아니다. 예비군 교육장이나 민방위 교육장에 한번 가보시라. 예비군 교관이나 민방위 강사가 교육을 위해 "집합해 주세요."라고 말하면, 마치 뭐 씹은 얼굴을 하다가도 강의 종료 후 "해산!"이나 "강의 끝!"하면 "와!"하고 좋아하는 게 우리 한국인들이다. 그런데도 한국인들에게 "뭉치자! 뭉쳐서 일 한번 해보자!"고?

:: 흩어지는 전략을 통해 얻은 세 가지 히트 상품 ::

흩어지는 정책을 펴서 성공을 거둔 사례는 가까운 조선 역사에서 얼마든지 찾아볼 수 있다. 조선시대의 귀양제도를 한번 살펴보자. 만약 조선의 임금들이 한양의 변두리에다 대규모의 집단교도소를 짓고, 자신의 정치노선에 반대하는 정적政敵이나 신하들을 그곳에다 모조리 하옥시켰다고 가정하자.

삭탈관직削奪官職을 당한 후 옥에 갇힌 정적이나 신하들은 하루 한차례씩 주어지는 운동시간 때, 교도소의 담벼락에 옹기종기 모여 앉아 임금을 한없이 원망했을 것이다. "내가 잘못한 게 뭐 있어? 나는 할 만큼 했어. 그런데도 나를 이런 감옥에다 가두다니. 어디 두고 봐라. 내가 이렇게 앉아서 당하기만 하나."라고 말이다. 그리고는 군부에다 온갖 연줄을 동원해서 임금을 죽이거나 정권을 전복시키기 위한 반정反正만을 도모하는 바람에, 정국政局은 혁명과 반혁명의 참화로 피바다를 이루었을 것이다.

그러나 조선의 임금들은 선견지명이 있어서 그랬는지는 모르지만, 정적이나 신하들의 유배지를 한곳에 집중시키지 않고 전국 방방곡곡으로 흩어지게 했다. 외딴 섬이나 낯선 땅에 홀로 버려진 정적이나 신하에게는 주변에 뭉칠만한 대상이 없었다. 귀양 온 사람에게는 선택의 여지가 없었다. 정치적 재기를 위해 철저히 근신하며 임금에게 변함없는 충성을 맹세하든지, 아니면 권력을 포기하고 초야에 묻혀 민초들과 함께 하는 욕심 없는 삶을 살든지…… 그것만이 전부였다.

역사에 문외한인 필자의 눈에는 흩어지는 귀양정책이 우리나라에 가사문학歌辭文學, 실학사상實學思想, 서원書院제도의 탄생을 촉발시킨 핵심요인으로 보인다. 한국 가사문학의 대표적 거두巨頭라고 말할 수 있는 송강松江 정철鄭澈은 귀양살이를 하는 동안 〈관동별곡關東別曲〉, 〈사미인곡思美人曲〉, 〈속미인곡續美人曲〉, 〈성산별곡星山別曲〉,

〈장진주사將進酒辭〉와 같은 주옥같은 글을 지었다.

홀홀단신으로 귀양 온 정철이 할 수 있는 일이라곤, 시간을 벌면서 임금이 다시 불러줄 때만을 조용히 기다리는 것뿐이었다. 어떻게 해서라도 임금에게 잘 보여야만 했다. 따라서 임금에 대한 비판이나 반정 도모와 같이 임금의 심기를 거스를 수 있는 행동은 최대한 자제해야만 했다. 그러다 보니 마음속으로 끓어오르는 분노를 삭이며 날마다 임금에 대한 애틋한 정, 아름다운 자연, 풍류 등을 열심히 읊을 수밖에 없었을 것이다.

만약 정철이 한양 땅의 집단교도소에 갇혀 있었다면, 그렇게 멋진 글들을 후세에까지 남길 수 없었다고 본다. 오히려 간수의 이목을 피해 비슷한 죄목의 감방동기들과 모의해서 자신을 숙청한 임금을 없앨 목적으로 변방의 군대를 빼낸 뒤, 왕실 공략 방법과 시기를 놓고 골몰했을 것이기 때문이다.

실학사상도 마찬가지다. 외톨박이로 귀양살이를 하고 있는 선비가 매일같이 보는 것은 민초들의 고단한 삶이었을 것이다. 중국을 비롯한 외국의 선진문물과 신학문을 두루 섭렵했던 선비는 민초들의 어려운 삶을 몸소 체험하면서 그들을 도와줄 수 있는 방법을 궁리했을 것이고, 그 과정에서 실학사상이 자연스럽게 태동하지 않았나 싶다. '김 양식법'이나 '거중기의 개발' 등이 그것을 시사해 준다.

서원의 시초도 흩어지는 귀양제도와 무관하지 않다는 게 필자의 생각이다. 비록 고관대작을 지낸 사람일지라도 일단 귀양을 가면, 자신이 먹을 양식을 얻기 위해 직접 농사를 지어야 한다. 그런데 선비가 생전 처음으로 농사를 짓다보니 서투를 수밖에. 그 애처로운 모습을 보다 못한 농부들이 선비에게 다가가서 다음과 같은 제안을 했을 법도 하다.

"나으리! 나으리께서 일용할 양식은 저희들이 대겠습니다. 그 대신, 나으리께서는 시원한 그늘에 앉으셔서 이 못난 저희 자식들의 공부 좀 가르쳐 주십시오."

이런 과정을 거쳐 조선시대의 서원제도가 발전한 것은 아닐까?

:: 청렴, 이윤, 사회 정의를 중심으로 확실히 흩어지자 ::

그러면, 앞으로 어떻게 흩어져야 하는가. 참고로, 군인들이 적과 교전할 때 어떻게 흩어져서 싸우는지 눈여겨봤으면 좋겠다. 그들이 한데 뭉친 상태로 싸우는가, 아니면 사방으로 흩어져서 싸우는가? 같은 전우들끼리 뭉쳐 있으면, 적의 수류탄 한방에도 부대원들이 몰사 당할 수 있다. 그러나 흩어져서 싸우면 설령 적의 집중포화를 맞는다 해도 사상자를 크게 줄일 수 있다. 뿐만 아니라 적의 관심까지 분산시킴으로써 한순간에 전세를 역전시킬 수도 있다. 따라서 게릴라식 전투대형으로 흩어져 일당백의 정신으로 싸우는 것이 백전백승의 지름길이다. 우리 현실도 예외가 아니다.

공직자들은 검은 돈의 유혹을 과감히 떨쳐 버림으로써 모든 분들이 청백리가 될 수 있도록 노력해야 한다. '청백리상' 제도가 있다는 것은, 우리 공직 사회가 그마만큼 투명하지 않다는 단적인 증거다. 그런 점에서 '청백리상' 자체가 사라지는 그 날이, 곧 우리 공직사회의 개혁 완료시점이다.

재벌들도 뭉치지 말고 흩어져야 한다. 그동안 재벌들은 자기들끼리 똘똘 뭉쳐 거창한 이름의 이익단체를 만들어 놓고, 양적 생산능력에 대한 경쟁만을 일삼아왔다. 1970~1980년대에는 재벌들의 그러한 행태가 한국의 경제발전에 나름대로 커다란 기여를 했지만, 지금은 그런 논리가 더 이상 통하지 않는 시대다.

앞으로 국내 재벌들은 양적 기준(매출액, 자산규모 등)에서의 5대·10대·30대 재벌이 되기 위한 자존심 경쟁을 중지하고 질적 기준(이윤의 크기)에서의 경쟁을 위해 사방으로 흩어졌으면 한다. 지금은 덩치 큰 기업이 좋은 기업으로 대접받는 시대가 아니다. 덩치는 작더라도 이윤을 많이 창출하는, 그래서 기업의 경제적 가치가 큰 기업이 훌륭한 기업으로 인정받는 시대다. 따라서 국내 재벌들은 엉뚱한 자존심 경쟁보다는 지식경영과 기술혁신을 통한 브랜드 파워의 확보에 사활을 걸어야 할 때다. 그것만이 국내 재벌들의 살 길이다.

:: 정론직필만이 나라를 살릴 수 있다
::

국내 언론사들 역시 뭉치지 말아야 한다. 오늘날 우리 언론사들을 보면, 마치 낮술을 먹고 얼큰하게 취해 있는 거대 공룡처럼 보인다. 이는 언론사들이 국가·기업·국민들이 나가야할 미래 발전 좌표를 제시해 주지도 못하면서 덩치만 키워 왔기 때문이다. 더구나 언론개혁에 대한 국민들의 간절한 요구를 깡그리 무시하는 것을 보면, 우리 언론사들이 제4의 권력기관으로 확실하게 자리 잡고 있음을 실감할 수 있다. 그런데 사회적 소금이기를 거부하는 사람들이 어떻게 남을 비판할 수 있는가!

이제 우리 언론사들도 각자의 고유 철학과 이념을 중심으로 흩어져서 자기개혁을 몸소 실천하는 모범을 보여주어야 한다. 그런 다음 정론직필正論直筆, 촌철살인寸鐵殺人의 기자정신을 붓끝에 실어 우리 사회의 진리와 정의를 선도하는 파수꾼 역할을 담당해 나가야 한다. 그것이 우리나라 언론과 언론사의 존재 이유다.

'펜이 칼보다 강하다.'는 명제가 살아 숨쉬는 사회가 진정한 민주 시민 국가인데, 우리나라는 아직 멀었다. 이러한 관점에서 종합적으로 바라볼 때, 지금까지 뭉칠 것만을 강조해 오던 우리 사회도 이제는 흩어지는 전략을 심도 있게 연구할 때가 되었다. 지금이 바로 그 시점이다.

일 잘하는 리더일수록 "뭉치자!"라는 얘기를 그다지 즐겨 쓰지 않는다. 왜냐하면 일 잘하는 리더는 연고주의(학연, 혈연, 지연, 종교연)가 효율적인 일처리를 방해한다는 사실을 잘 알고 있기 때문이다. 한편, 유능한 리더가 가장 큰 관심을 갖는 것은, 어느 누가 특정분야의 전문지식을 갖고 있는가, 또 어느 누가 특정분야에서 탁월한 업무 수행 능력을 갖고 있는가다. 즉 유능한 리더가 주시하는 것은 오로지 지연知緣과 사연事緣뿐이다. 21세기에는 그러한 지연과 사연을 중시하는 리더만이 회전의자의 주인공이 될 수 있다.

4장

새는 좌우의 날개로 하늘을 난다

Korean Leadership

　　지난 2002년은 우리 국민들에게 영원히 잊지 못할 뜨거운 한해
였다. 우리는 지구 모양의 작은 공 하나가 엮어내는 환희와 놀라운
기적을 통해, 한국 사회에서 오래 전에 사라졌던 선순환善循環적 공
동체 의식을 화려하게 부활시켰다. 또 34년 11개월 28일간의 식민
통치, 군부독재와 세계화의 위력 앞에 한없이 무력했던 절망감과
패배주의를 말끔히 걷어낼 수 있었다. 그리고 그 중심에는 새로운
웹 공동체로 등장한 '붉은 악마'들의 우렁찬 함성과 열린 마음이
자리 잡고 있다.

　　한국인의 정체성 찾기에 골몰하는 필자에게 있어, '붉은 악마'의
출현은 한마디로 신선한 충격이었다. 왜냐하면, 그들은 학연, 지연,
혈연, 종교연을 중심으로 '끼리끼리의 횡포'를 자행했던 천박한

'우리이즘(Weism)'을 과감히 해체하고, 디지털시대에 부합되는 웹 공동체의 새로운 발전 좌표를 제시했기 때문이다. 필자도 한국 사회의 변화를 주도하는 태풍의 눈으로 등장한 '붉은 악마'의 일원으로서, '대한민국'을 연호하며 태극전사들을 열렬하게 응원했던 즐거운 추억을 갖고 있다.

:: 한국인은 축구를 잘할 수 없다
::

본래 축구는 우리와 같은 동양 사람들이 잘할 수 있는 운동이 아니다. 자고로, 운동이라는 것은 그 나라의 고유문화(여기서는 시간관과 밀접한 관련이 있다)나 국민들의 의식세계와 궤를 같이 한다. 즉 우리 선수들이 레슬링, 양궁, 골프 종목에서는 세계를 제패하고 있지만, 축구, 농구, 육상, 수영 분야에서는 별다른 두각을 나타내지 못한다. 그것을 설명해 주는 핵심 키워드가 다름 아닌 시간관時間觀이다.

서양 사람들의 시간관은 태초부터 종말로 이어지는 선형(Linear)의 기독교적 시간관이다. 그에 반해 동양 사람들은 육십갑자, 즉 60년을 1주기로 도는 순환론循環論적(Circular) 시간관을 갖고 있다. 따라서 시간을 정해 놓고 하는 축구, 농구 등의 운동경기나 수영 등 스피드를 겨루는 운동경기는 선형의 기독교적 시간관에 익숙한 서양 선수들이 동양 선수들에 비해 훨씬 더 잘한다.

혹시 여러분은 동양 철학의 종주국인 인도나 중국 같은 나라가 축구, 농구, 육상, 수영 부문에서 세계를 제패했다는 얘기를 들어본 적이 있는가? 한 가지 재미있는 것은 중국 선수들도 이따금씩 수영 종목에서 금메달을 딴다는 사실이다. 그런데 그 종목은 다름 아닌 공중회전을 하는 다이빙 분야다. 또 한국 선수들이 레슬링 종목에서 강세를 보이는 것도 '빠떼루'라는 벌칙 뒤에 이어지는 '돌리기'에서 남다른 재능을 발휘하기 때문이다. 다이빙이나 레슬링에서의 회전동작은 순환론적 시간관과 밀접한 상관관계가 있음을 시사해 준다.

이와 같은 시간론적 한계가 있음에도 불구하고, 한국 축구는 한·일 월드컵에서 세계 4강의 신화를 일궈냈다. 이는 분명 기적에 가까운 일인데, 그 배경에는 히딩크라는 걸출한 축구 리더의 시스템적 사고와 붉은 악마들의 눈부신 응원이 있었다.

백넘버 12번을 달고 월드컵 기간 내내 그라운드를 뜨겁게 달구었던 붉은 악마가 우리 국민들에게 던져준 강렬한 메시지는 두 가지였다. '꿈은 이루어진다'와 '우리는 모든 것을 할 수 있다(We Can Do Everything)'는 자신감이었다. 붉은 악마는 지난 반세기 동안 우리 민족이 잊고 있었던 신명과 열정, 대동단결의 환희와 기쁨을 되찾아주었다.

그러나 세상의 이치는 반드시 좋은 것만 있을 수는 없는 모양이다. 호사다마好事多魔라는 말이 있듯이, 세상사는 항상 양지陽地의 작용과 음지陰地의 반작용으로 이루어지는 것 같다. 필자는 붉은 악마가 새롭게 정립시킨 선순환적인 공동체 의식이 시대착오적인 '닫힌 민족주의'로 변질되어 가는 일련의 사건들을 보면서 그런 생각을 가져보았다.

:: 북한은 친구, 미국은 공공의 적?
::

북한과 미국을 바라보는 우리 국민들의 불균형적인 인식론이 그 한 예다. 몇 년 전, 우리나라 여중생이었던 효순이와 미선이가 미군의 장갑차에 치어 죽는 사고가 발생했다. 그 사고의 원인은 미군 장갑차 운전병의 운전 부주의였다. 그런데 미군의 군법재판소가 점령군의 오만불손한 태도로 자국 병사들에게 무죄를 선언한 것이다. 그것은 한·일 월드컵의 4강 신화로, 한껏 부풀어 오른 우리 국민들의 자존심에 엄청난 손상을 입혔다.

화가 치밀어 오른 우리 국민들은, 한·일 월드컵을 통해 공고히 다져진 공동체 의식을 유감없이 발휘하여 길거리 촛불시위를 전개했고, 마침내 미군 측의 공개 사과(오만과 편견으로 가득 찬 부시 대통령이 주한 미국대사를 통해 사과의 메시지를 한국인들에게 전달했다)까지 받아냈다. 그것에 고무된 우리 국민들은 이참에 "불평등한

SOFA개정 문제까지 매듭짓자!"라는 굳은 각오로 미국 측에 압력을 가하고 있지만, 미국 정부는 그것에 대해 침묵하고 있다. 우리 정부 역시 할 말을 못하고 미국과 한국 국민들의 눈치만 보면서 좌불안석坐不安席하고 있다.

필자는 국민들의 촛불시위에 대해 비판할 생각이 조금도 없다. 왜냐하면 촛불시위가 가장 이성적이고 민주적인 의사 표현 방식이라고 생각하기 때문이다. 다만, 촛불시위의 방법과 내용에 대해서는 전략적인 수정이 필요하다고 본다. 즉 우리 국민들의 잇따른 촛불시위가 미국의 일반 시민(특히 미국의 대외 투자자와 미국 소비자)들에게 지나친 반미감정으로 비춰져서는 곤란하다는 점이다. 미국시민들이 자랑스럽게 생각하는 성조기를 불태운다거나 "양키들이여! 이제는 물러가라!"라는 반미구호는 최대한 자제해야 한다. 양키들이 물러가면, 그들만 사라지는 게 아니라 달러까지 함께 사라진다는 문제가 있다.

1997년 11월 말, 달러가 한국 땅에서 엑소더스(Exodus)를 감행했을 때 한국 경제와 우리의 직장, 그리고 가정 내에서 어떤 일들이 벌어졌는지 한번쯤 조용히 회고해 봤으면 한다.

이것은 필자가 친미주의자라서 하는 말이 아니다. 필자는 기본적으로 미국의 패권주의를 강력하게 비판한 노암 촘스키의 주장에 뜻을 보태는 사람(그렇다고 해서 모든 점에서 노암 촘스키의 견해를 지지하는 것은 아니다. 특히 그의 좌파사상에 대해서는 그와 분명하게 의견을 달리한다)이다. 미국에서 불량한 사람들은 팍스아메리카나를 추구하는 미국의 극우 정치인과 극우 논객들뿐이다. 적어도 필자가 아는 한, 미국의 일반시민들은 우리가 생각하는 것처럼 그렇게 불량한 사람들이 아니다. 그들 중에는 우리가 무책임하게 내버렸던 고아들을 데려다가 훌륭한 사람으로 길러준 사람들이 적지 않다. 그런데도 우리들은 그런 미국인들까지 공공의 적으로 몰아가고 있다. 세상천지에 이런 어리석음이 또 어디에 있겠는가?

건전한 역사의식과 시민의식을 갖고 한국 상품을 사주는 미국인들, 한국 땅에다 달러를 투자해서 우리 이웃들에게 일자리를 제공해 주고 새로운 지식경영 기법까지 이전해 주는 미국인들은 우리의 적이 아니다. 또 불평등한 SOFA 조항이 문제라면, 하루빨리 우리나라를 시스템 강국으로 만들어, 미국의 도움을 받지 않고 자주국방을 할 수 있는 힘을 길러야 한다.

8·15 해방 이후 지금까지 진정한 독립 국가를 만들지 못하고 국민의 생명과 재산권 보호를 미국에 의탁하고 있는 상황에서, 그들한테 '서로 대등한 관계를 유지하자'는 주장은 설득력이 약하다. 남에게 알량한 도움을 주면, 반드시 그 도움을 준 쪽은 온갖 폼을 잡고 위세를 부리려고 하는 게 세상인심이다. 임진왜란 당시 명나라도 지금의 미국처럼 조선과 조선인들에게 못된 짓을 많이 했다. 힘이 없으면 그에 따른 설움을 온몸으로 감내할 수밖에 없다. 그것이 동·서양에서 보편적으로 통용되고 있는 정글의 법칙이다.

그동안 필자는 한국과 미국, 한국과 북한에 대한 우리 젊은이들의 편향된 시각을 보면서 큰 실망을 느껴야만 했다. 몇 년 전, 북한 해군은 우리 해역을 무단 침범한 후, 함포사격으로 우리 해군의 고속경비정인 참수리 357호를 격침시켰다. 그 과정에서 고 윤영하 소령을 비롯한 6명의 젊은 병사들이 전사했다. 그들은 모두 우리의 가족이자 동생들이었다. 그런데도 거의 모든 젊은이들은 그들의 죽음에 대해 철저하게 외면하고 있다.

그 사건은 북한의 해군 지휘부에 의해 철저하게 준비된 사전 시나리오에 따라 자행되었음이 밝혀졌다. 그런데도 우리 젊은이들은 북한 해군의 침략행위를 규탄하며, 전사한 병사들의 죽음을 애도하는 촛불시위를 하지 않았다. 그런데 필자는 효순이와 미선이 못지 않게 우리 병사들의 목숨도 소중하다고 생각한다.

또 미군의 실수에 대해서는 분노하면서도 북한의 고의故意에 대해서는 지극히 관대한 우리 젊은이들의 이율배반적인 태도를 도저히 이해할 수 없다.

이뿐만이 아니다. 지난 반세기 동안 자유, 정의, 진리를 외치며 한국의 정치 민주화를 위해 목숨을 걸었던 우리 젊은이들이 북한 정권의 부자간 권력세습, 독재정치와 인권 탄압, 국군 포로와 강제납북인사에 대한 송환요구에 대해서는 일언반구 말이 없다. 어떤 경우에는 북한의 김일성과 김정일 정권을 공개적으로 찬양하는 자기 기만적인 행위도 서슴지 않았다. 박정희의 독재정치와 인권 탄

압에 대해서는 신랄하게 비판하면서도 김일성이 자행했던 피의 숙청과 인권 탄압, 그리고 강제 납치에 대해 눈을 감는 것은 비열한 태도가 아닐 수 없다. 또 마이카 시대를 열어준 박정희의 개발독재에 대해서는 비난을 퍼부으면서도 북한 동포의 의식주 문제 조차 해결해 주지 못한 북한 정권의 좌파 경제논리를 두둔하는 것은, 자기 모순적인 행위이다. 어떤 대상에 대한 비판은 동일한 기준과 시각에 입각하여 이루어져야 하며, 거기에는 어떠한 성역도 인정하지 말아야 한다. 그런데 우리 젊은이들에게는 그런 인식이 매우 부족하다.

:: 사촌이 땅을 사면 배가 아픈 한국인들의 비애 ::

우리 젊은이들이 북한 정권을 후하게 평가하고, 미국을 냉정하게 바라보는 데는 한국인 특유의 우리이즘이 내재되어 있다고 단언한다. 즉 미국의 양키들은 우리와 피 한 방울도 나누지 않은 외집단으로서의 이방인異邦人인데 반해, 북한 정권은 미우나 고우나 같은 조상(단군)을 시조로 둔 내집단으로서의 단일민족이라는 사실에 기인한다. 게다가 미국은 우리보다 잘 사는 나라인데 반해, 북한은 그렇지 못한 나라라는 점도 크게 작용한 것으로 보인다.

'사촌이 땅을 사면 배가 아픈 민족'이 우리 한국인들이다. 다시 말해 땅을 살 정도로 부자인 사촌에 대해서는 좋지 않은 감정을 갖다가도, 가난한 친척에게는 한없이 너그러운 사람들이 한국인이다. 우리 젊은이들이 미국을 원수의 나라로 폄훼하면서도 북한을 너그럽게 바라보는 이면에는 '미국=잘 사는 나라, 북한=못 사는 나라'라는 인식이 강력하게 작용하고 있기 때문이라고 생각한다. 이 문제에 대해 우리 젊은이들과 한국의 정치 민주화에 기여했던, 그리하여 정치권력에 흡수된 일부 386세대들은 좀더 솔직하고 진지한 자세로 자신들을 뒤돌아보면서 반성해야 한다. 특히 필자는 그들에게 "우리가 미국이란 불량국가를 당당하게 비판하려면, 그에 못지않은 불량국가인 북한 정권(북한 동포와 북한 정권은 구분해서 평가해야 한다)에 대해서도 동일한 강도로 비판해야 옳다."라는 충고를 꼭 들려주고 싶다.

미국과 북한에 대한 우리 젊은이들의 왜곡된 역사 인식은 일본과 몽고에서도 그대로 되풀이되고 있다. 우리나라가 외침을 받고 고통을 겪은 것은 몽고(고려와 고려인들이 몽고로부터 당한 역사적 고통은 조공, 몽고반점, 몽고간장, 환향녀, '충' 자로 시작하는 고려왕들의 명칭 등에 고스란히 남아 있다)나 일본이나 마찬가지다. 그런데도 한국인들은 일본과 일본인에 대해서는 공격을 하면서도 몽고와 몽고인에 대해서는 지극히 관대한 측면이 있다.

심지어 한국의 공영방송 KBS는 주말의 황금시간대에 몽고의 전쟁영웅인 '칭기스칸'의 파란만장한 일대기를 다룬 프로를 내보낸 바 있다. 그런데도 시청자들의 항의 소식이 들리지 않았다. 만약 KBS가 같은 시간대에 도요토미 히데요시의 일대기를 방영한다 해도 우리 국민들이 침묵하고 있을지 자못 궁금하다. 이처럼 한국인들이 몽고에 대해서는 아량을 베푸는 반면, 일본에 대해서는 매우 민감하게 대응하는 이유는 오직 하나다. 즉 일본은 우리보다 잘 사는 선진국인데 반해, 몽고는 우리가 우습게 볼 수 있는 가난한 나라이기 때문이다.

일본이 기분 나쁠 정도로 우리보다 잘 사는 이웃사촌이기 때문에, 우리는 일본과 일본인을 욕할 수밖에 없다. 물론 시시때때로 역사왜곡을 일삼고 군국주의적 망령에 사로잡힌 극우인사들이 자행하는 여러 가지 이해 못할 행동도 우리 한국인들이 일본과 일본인을 비난하는 요소임에 틀림없다. 그렇지만 우리보다 잘사는 것도 분명 한국인들에게는 불쾌한 일이라고 생각한다. 만일, 일본이 우리보다 엄청나게 못살고 몽고가 우리보다 매우 잘 살았다면 한국인들은 일본에게는 관대하고 몽고에 대해서는 가혹한 비판을 해댔을지도 모를 일이다.

:: 상생을 위한 파트너십
::

우리가 선진 시민 국가로 발돋움하기 위해서는 무엇보다 균형 잡힌 역사인식부터 가져야 한다. '새는 좌우 날개로 하늘을 난다' 라는 말은 닫힌 민족주의나 편협한 국수주의의 자세로는 세계사를 선도할 수 없다는 얘기다.

따라서 우리는 '붉은 악마' 가 펼쳐 보였던 웹 공동체 의식이 지나친 민족 우월주의나 혈연 중심의 단일민족론으로 변질되지 않도록 경계하면서 전 세계를 하나의 지구촌으로 네트워크화 시키는데 주도적인 역할을 해나가야 한다.

필자가 그렇게 얘기하는 이유는 단 한가지다. 21세기 디지털 사회의 절대 강자 자리는 세계의 다양한 첨단지식과 풍부한 자금, 그리고 글로벌 인재를 불러들이는 잡종사회가 차지할 것으로 보인다. 이제 우리의 생존전략도 건강한 하이브리드(Hybrid, 혼성) 사회의 구축에서 찾아야 한다.

여러분은 자신의 손가락에 끼고 있는 반지를 살펴보길 바란다. 그리고 자신이 끼고 있는 반지와 옆 사람의 반지 강도를 비교해 보기 바란다. 24K, 18K, 14K 반지 중에서 어떤 반지가 가장 단단한가? 물론 14K반지가 가장 단단할 것이다. 그 이유는 과연 무엇일까? 그것은 14K 반지가 순도 면에서 다른 반지들에 한참 뒤지기 때문이다. 그 말을 뒤집어 보면, 순금에 다른 이물질이 많이 섞이면 섞일수록 단단해지는 것임을 14K 반지가 역설해 준다.

그런 의미에서 "고향 앞으로 갓!"을 외치며 자기들끼리 이권을 독점하는 것이 우선은 좋게 보일지 모른다. 그러나 그런 인간들의 추악한 권력쟁취를 묵인하거나 방관하는 사람들이 속한 조직이나 사회, 국가는 24K 반지처럼 흐물흐물하다가 결국 자멸하게 될 것이다.

한·미 관계에 있어서도 14K 반지가 시사해 주는 논리가 그대로 적용되어, 한·미 양국 국민들의 신뢰와 우의가 존중되고 상생相生의 원칙이 보장되는 관계로 한 단계 성숙해 나갔으면 한다.

미국과 북한 그리고 일본과 몽고는 타도나 극복의 대상이 아니라 화해와 공생, 더 나아가 공존공영을 위한 파트너십의 대상이다.

▶ 고려대학교 어윤대 총장은 '민족 고대'와 '막걸리'로 상징되는 대학의 아이덴티티를 과감하게 해체시키고 '교육의 진정한 세계화'를 주창한 훌륭한 리더였다. 어윤대 총장은 케케묵은 고전적 이미지인 '민족'이란 개념 대신에 '글로벌'을, 또 시골 냄새가 물씬 풍기는 '막걸리' 대신에 세련된 도회지풍의 '레드 와인'을 선택하고 '세계 속의 초일류 대학이 되자'는 비전을 선포했다. 어윤대 총장의 인간적인 매력은 '오랜 전통은 고수해 나가는 것이 미덕이 아니라 창조적 파괴를 통해 새로운 가치를 만들어 나가는데 있다'는 것을 실천한 총장이기 때문이다. 이는 조선 백자를 만든 도공들이 고려청자를 흉내 내지 않고 새로운 조선백자를 창출해 냄으로써 도자기 강국의 전통을 지켜냈던 것과 궤를 같이 한다.

▶ 백제의 의자왕은 북한의 김일성 · 김정일 부자와 같은 정책노선, 즉 외세의 도움을 받지 않는 자력갱생의 길을 모색하다가 당나라의 힘을 등에 업은 김춘추와 김유신 일당에게 나라를 통째로 빼앗기는 수모를 당했다. 우리는 백제의 의자왕으로부터, 시대의 변화에 능동적으로 대처하지 않고 객기로 일관하는 리더가 속한 국가나 조직은 반드시 망할 수밖에 없다는 역사적 교훈을 철저하게 배워야 한다.

▶ 지금 우리 사회가 요구하는 진정한 리더십은 백제의 의자왕이 보여준 폐쇄적 리더십이 아니라, 고려대학교 어윤대 총장이 펼쳐 보인 개방적 리더십이다. 그런 의미에서 앞으로 회전의자의 주인공이 되려면, 개방적 리더로 과감한 변신을 시도해야 한다.

5장
의사봉을 세 번 두드리는 이유
Korean Leadership

한국인들이 좋아하는 숫자는 '3', '7', '9'다. '9'는 화투(또는 노름)를 즐겨하는 사람들이 선호하고, '7'은 행운을 가져다주는 숫자(사람들은 '7'을 그냥 세븐이라고 말하지 않고, 반드시 럭키 세븐이라고 말한다)라고 믿는 사람들이 좋아한다. 그렇지만 한국인들이 가장 좋아하는 숫자는 뭐니 뭐니 해도 '3'이다.

'3'은 단군신화로부터 비롯되었다고 해도 과언이 아니다. 개천절이 10월3일이고 '환웅이 하늘나라에서 삼천 명을 거느리고 이 땅에 내려왔다', '곰이 기忌한 지 37일 만에 여자가 되었다'에 들어 있는 '3'이라는 숫자는 결코 우연이 아니다.

불가佛家에서도 '3'이란 숫자가 많이 사용된다. 3불佛, 3계界, 3세世가 바로 그것이다. 3불이라 함은 서방 정토의 주불인 아미타불,

사바 세계의 교주인 석가모니불, 염불하는 중생의 왕생을 보증하는
제불諸佛을 일컫는다. 또 3계는 생사유전生死流轉이 그침 없는 중생
계를 욕계欲界, 색계色界, 무색계無色界로 분류한 것을 말하며, 3세는
전세前世, 현세現世, 내세來世를 의미한다.

:: 벙어리 삼 년, 내 코가 석자 ::

우리의 전통 속담에서도 '3'이라는 숫자를 많이 찾아볼 수 있다.
'서당 개 삼년이면 풍월을 읊는다', '구슬이 서 말이라도 꿰어야 보
배다', '사흘 굶어 도둑질 안 할 사람 없다', '귀머거리 삼년이요,
벙어리 삼년이라', '내 코가 석자', '중신을 잘하면 술이 석잔이요
못하면 뺨이 석대' 등을 보면 '3'이란 숫자가 단골메뉴로 들어가
있다.

'3'은 국가의 형태나 권력구조를 나타내기도 한다. 마한, 진한,
변한으로 구성된 고대의 삼한 시대나 고구려, 백제, 신라로 명명되
는 삼국시대, 그 뒤를 이은 후삼국시대, 삼정승제도(영의정, 좌의정,
우의정) 등이 그 대표적인 예다.

역사책에 등장하는 백제 의자왕과 삼천궁녀(이것이 왜곡된 숫자임
은 이미 KBS 역사스페셜 프로를 통해서 입증된 바 있다)의 비극, 구한말
개혁파 인사들에 의해 용두사미로 결말이 난 삼일천하, 민족자존의

상징인 삼일절, 통한의 삼팔선에서도 '3'은 낯익은 숫자다.

또 애국가에 등장하는 삼천리 화려(금수)강산, 가수 홍세민이 부른 노래 〈흙에 살리라〉에 나오는 초가삼간, 한때 인스턴트식품의 대명사였던 삼양라면, 어린이의 또 다른 표현인 삼척동자, 기자치성祈子致誠과 관련된 삼월 삼짇(음력 삼월 초사흘)날, 심지어는 한국에서 가장 높다는 63빌딩 등에서도 '3'이 등장한다.

화투의 영역에서도 '3'은 매우 중요하다. 청단과 홍단, 그리고 고돌이(5마리의 새를 의미함)와 쿠사(くさ, 본래는 풀을 의미함)도 각각 석장의 화투로 구성되어 있다. 어찌된 영문인지 요즘 젊은이들은 결혼식장의 신부와 하객들 앞에서 팔굽혀펴기를 한 후, 정체불명의 만세 삼창까지 외친다.

이보다 더 흥미를 끄는 것은, 우리 사회의 리더들도 '3'이라는 숫자와 밀접하게 연관되어 있다는 점이다. 즉 새해를 맞이하는 제야의 종을 칠 때, 자치단체장과 해당지역 유지들은 길쭉한 통나무 모양의 방망이를 이용해 33번의 타종식을 거행한다. 그러나 그 이유를 정확하게 알고 타종식에 임하는 사람들은 거의 없다.

또 대통령을 비롯한 각 조직의 기관장이나 민간기업의 CEO들은 주요 사항을 의결한 후에 반드시 의사봉을 3번 두드린다. 일례로 국회의장이나 국회 상임위원회 위원장들은 의결을 마치면 의사봉을 3번 두드린다.

그런데 간혹 간이 부은 여당의원들이 인원 수를 앞세워 날치기를 강행할라치면, 야당의원들이 필사적으로 빼앗는 게 의사봉이다. 그러면 국회의장이나 운영위원회 위원장은 자신의 주먹으로라도 단상을 3번 두드림으로써 함량미달의 안案이 통과되었음을 선포하고 잽싸게 도망친다.

몇 년 전 필자는 강연을 하기 위해 방문했던 어느 기관의 최고 리더에게 "귀하께서 주관했던 회의를 종결시킬 때, 의사봉을 3번 두드리는데 그 이유가 무엇이냐?"고 물어본 적이 있다. 그러자 그분은 별다른 고민 없이 "관례이기 때문에 그렇게 한다."고 대답했다. 아마 대통령, 국무총리, 대학총장, 국회의원, 도지사, 시장, 구청장들에게 물어봐도 그와 비슷한 대답만을 듣게 될 것이다.

:: 리더들이 알아야 할 '3'의 진정한 의미 ::

지금부터라도 우리 사회를 이끄는 리더들이 '3'에 내재된 의미를 제대로 이해했으면 한다. '3'의 의미는 크게 세 가지로 나눠볼 수 있다. 첫째, '3'이 숫자를 나타낼 때는 '무수히 많다'는 것을 의미하고, 세월을 표현하는 경우에는 '오랜 기간이나 시간'을 뜻한다. 가령, '구슬이 서 말이라도 꿰어야 보배'라는 속담에서의 '서 말'은 무수히 많은 구슬을 의미한다. 또 '서당 개 삼년이면 풍월을 읊는다'에서 삼년은 '개가 서당 집에서 오래 살면'이라는 뜻이다.

둘째, '3'은 천天·지地·인人 사상을 상징하는 숫자로 완벽 또는 영원을 나타낸다. 이에 대한 근거는 《천부경天符經》에 기술되어 있다. 이것은 각 기관의 최고 리더들이 의사봉을 3번 두드리는 것과 깊이 연관되어 있다.

즉 회의에서 결정된 주요 사항을 의결할 때 의사봉을 3번 두드리는 것은, 의결내용을 천신天神, 지신地神, 그리고 백성人間들에게 고할 만큼 완벽함을 상징하는 일종의 의식이다. 리더라는 사람들이 이런 생각을 조금이라도 갖고 의사봉을 쥔다면, 회의를 대충대충 할 수도 없을 것이고 날치기는 아예 엄두도 못낼 것이다.

셋째, '3'이라는 숫자가 정족鼎足, 즉 솥의 발이 3개 일 때 안정감을 주듯이 '안정'과 '튼튼함'을 상징한다는 점이다. 1970년대를 풍미했던 삼륜트럭(당시 기아자동차가 생산해서 판매했던 차종)도 바퀴가 3개였고, 낚시 의자 중에도 다리가 3개인 것이 적지 않다. 이는 제조업체 사장들이 '3'이라는 숫자를 제품생산에 응용해서 재미를 본 경우라고 말할 수 있다. 심지어는 고인돌의 받침대도 3개로 구성되어 있다.

▶ 《송명신언행록》을 보면 '지유수야 불유칙부智猶水也 不流則腐'라는 글귀가 나온다. 이는 끊임없는 자기개발과 자기혁신을 강조하는 것으로, '지혜는 물과 같아서 흐르지 않으면 썩는다'는 것을 의미한다.

▶ 무릇 남을 이끄는 리더가 되려면 하늘과 땅, 그리고 백성들을 두렵게 생각해야 한다. 그래야만 자만과 방종이 불러일으키는 화禍를 피할 수 있다. 만약 우리의 정치 리더들이 '내가 지금 내리는 의사결정이 하늘에 우러러 한점 부끄러움이 없고, 지신地神과 백성들에게도 떳떳한가?'를 자문해 보면서, 사심 없는 자세로 국정을 이끌었다면 대한민국이 지금처럼 혼란스럽고 무질서한 상태로 전락하지 않았을 것이다. 그런 의미에서 지금 여의도 국회의사당은 사이비 정치 리더들로 가득 차 있다고 해도 과언이 아니다.

6장

누가 '모럴 헤저드'를
'도덕적 해이' 라고 번역했는가?

경제학자나 사회학자들이 즐겨 쓰는 용어 가운데 '모럴 헤저드 (Moral Hazard)' 라는 것이 있다. 모럴 헤저드란 '자신의 행동이 상대 방의 정보 부족으로 정확하게 파악될 수 없다는 점을 악용해 상대 방의 입장에서 볼 때, 바람직하지 않은 행동을 취하는 것' 을 의미 한다.

가령, 국민들의 민생안정과 복리증진을 위해 최선을 다해야 할 국회의원이 자신에 대한 국민의 정보 부족을 악용해 공익보다는 사 익을 최우선적으로 추구하는 비도덕적인 행위가 모럴 헤저드의 대 표적인 사례다.

:: 영어 천국의 엉터리 해석
::

그런데 한 가지 안타까운 점은 한국에서 모럴 헤저드가 '도덕적
해이'로 잘못 번역되고 있다는 사실이다. 주요 일간지의 논객들로
부터, 사회 과목을 가르치는 교사, 대학교수, 일반인, 학생들에 이
르기까지 거의 모든 국민들이 모럴 헤저드 대신에 도덕적 해이를
사용하고 있다.

국내에서 최초로 모럴 헤저드를 도덕적 해이로 번역해 유포시킨
사람은 S대학교 경제학과 L교수라고 생각한다. 1989년에 발간된 L
교수의 책 《미시경제학》에서 도덕적 해이라는 용어가 처음 등장했
고, 1990년도에 그와 연관된 문제가 행정고등고시에 출제되면서
고시준비생을 비롯한 세인들에게 빠른 속도로 확산되었던 것으로
기억한다. 그런데 유감스럽게도 L교수는 《노자》를 제대로 읽어보
지 않은 사람인 것 같다.

필자는 모럴 헤저드가 도덕적 해이로 번역되는 것에 대해 오래전
부터 이의를 제기해 온 사람이다. 모럴 헤저드는 도덕적 해이가 아
니라 '도덕적 위험'이라고 번역해야 옳을 것 같다. 왜 미국인들은
모럴(Moral)을 해이(Relaxation)해질 수 있는 대상이 아니라 위험
(Hazard)한 것으로 간주했을까? 만약 그들도 우리처럼 도덕을 해
이(또는 느슨)하거나 타이트하게 쪼일 수 있는 대상으로 여겼다면,
그들은 모럴에다 위험이라는 단어를 덧붙이지 않고 'Moral

Relaxation'이라는 표현을 사용했을 것이다.

그러나 미국의 경제학자들은 정보경제학의 주인(Principal)과 대리인(Agent) 모형에서, 주인을 위해 최선을 다할 의무가 있는 대리인의 비도덕적인 행위를 설명하는 도구로써 'Moral Relaxation'이 아닌 'Moral Hazard'를 선택했다. 그것은 미국인들이 '도덕'을 해이해질 수 있는 대상이 아니라 근본적으로 실천하기 어려운 위험한 대상으로 간주했음을 시사한다.

노자는 《도덕경》에서 만물의 근원에 존재하는 보편적 원리를 '도道'라고 정의했다. 여기서 보편적 원리란 '자식은 부모님께 정성을 다해 효도해야 한다.'와 같이 인간이라면 당연히 해야 할 도리쯤으로 이해하면 좋을 것 같다.

그런데 노자 얘기의 정수精髓는 도道보다는 오히려 '덕德'에 관한 기막힌 해석에 있다. 그는 "도를 체득함으로써 도가 지니는 뛰어난 작용, 가령 겸손, 유연, 양심, 질박, 무심, 무욕 등을 몸에 익히고 그것을 구체적인 행동으로 실천하는 것이 곧 덕이다."라고 설명했다.

도덕에 관한 그의 설명은, 우리들로 하여금 '도덕이라는 잣대야말로 매우 위험한 논리일 수밖에 없다.'는 결론을 내리게 한다. 왜냐하면 우리와 같은 평범한 소시민들이 노담이 언급한 도덕의 숭고한 가치를 일상에서 실천한다는 것 자체가 매우 어려운 일이기 때문이다.

일례로, 헌법 앞에서 국가와 국민을 향한 도덕적 책임을 맹세했던 우리나라 역대 대통령들의 말로를 살펴봐도 헌법 앞에서 굳은 맹세를 했던 고결한 분들이 임기 중에 부하의 총탄에 쓰러지거나 임기 만료 후 감옥행을 하지 않았던가! 또 외환위기가 발생하자 고객의 예금 원금과 이자 보장의 도덕적 책임을 맹세했던 은행원들이 자신들의 퇴직금부터 챙기기 위해 동분서주했던 모습이 바로 모럴 헤저드였다. 도덕에 관한 한 필자도 자신이 없다. 인간 자체가 언제 어디서든지 도덕적인 실수나 잘못을 저지를 개연성이 매우 큰 존재이기 때문이다. 사회적으로 존경받는 리더라고 해서 우리와 조금도 다를 바 없다.

:: 도덕을 강조하는 사회는 결코 선진사회가 아니다
:: ::

그런 의미에서 국가발전을 위해 도덕을 유난히 강조하는 사회는 결코 일류사회가 아니다. 그보다는 오히려 순자의 성악설에 기초한 시스템적 사고思考로, 인간의 마음속에 잠재해 있는 모럴 헤저드를 미연에 방지할 수 있도록 법과 제도를 치밀하게 설계해 나가는 사회가 일류사회다.

경제학이 제시하는 모럴 헤저드의 해결방안 역시, 도덕적인 측면에서의 재무장이 아니라 인간들이 본질적으로 비도덕적인 행위를 할 수 없도록 하는 시스템의 확립이다. 또 시스템이라고 해서, 그것이 엄청난 것을 의미하지는 않는다. 몇 년 전까지만 해도 고객들이 은행에서 볼일을 보려면 객장 안의 여직원 앞에서 일렬로 줄을 선 채, 자신의 차례가 돌아오기를 기다려야 했다. 또한 은행에는 TV 드라마 《허준》에 등장했던 탤런트 임현식씨가 그랬던 것처럼 "줄을 서시오!"라고 외치면서 비도덕적인 새치기를 감시하는 청원경찰이 있었다.

그러나 지금 은행에 가보면, 도덕적인 줄서기를 강요하는 청원경찰도 사라졌고 여직원들 앞에서 줄지어 서 있는 사람들의 행렬도 찾아볼 수 없다. 단지 모든 고객들이 소파에 앉아서 전광판의 숫자를 주시하거나 친구끼리 담소를 나누거나 잡지를 보면서 편안하게 자신의 순서를 기다리는데도 은행 객장의 질서만큼은 조용한 가운데 확실하게 유지되고 있다. 어떻게 이런 일이 가능했을까? 그것은 은행 객장에 '순번 번호표 제도'라는 일종의 질서 유지 시스템이 도입되어 작동했기 때문이다.

이처럼 시스템이 지닌 장점이 매우 큰데도 불구하고, 사이비 리더들은 시스템 문제는 거들떠보지도 않고 오직 도덕적 잣대에 기초한 조직개혁을 부르짖기 때문에 조직구성원들은 항상 개혁 피로증에 시달릴 수밖에 없는데다 개혁의 성과마저 지지부진한 것이다.

일례로, 구청 직원의 세금착복사건이 발생하면 구청장은 TV기자나 신문기자들을 불러놓고 전 직원이 모여 "다시는 세금비리를 저지르지 않겠습니다."라며 대국민 홍보용 양심선언대회부터 개최

한다. 그런데 구청직원이 세금을 착복할 수 있는 것은, 세금고지서 발부로부터 납부에 이르는 일련의 과정에서 무언가 허술한 부분이 존재하기 때문이다. 즉 납세 시스템에 심각한 문제가 있다는 증거다. 그런데도 시스템은 고치지 않은 채, 구청직원들의 도덕심 함양만 부르짖으니까 세금착복사건이 근절되지 않고 매년마다 되풀이될 수밖에 없는 것이다.

:: 미국이 세계의 패권을 거머쥔 진짜 이유
::

필자는 이 모든 원인이 한국인들의 뇌리 속에 뿌리박혀 있는 '모럴 헤저드=도덕적 해이'라는 잘못된 인식 때문이라고 생각한다. 이제 우리나라가 진정한 선진국가로 발돋움하기 위해서는 무엇보다도 '도덕은 근본적으로 위험한 것이다'는 사고에 입각해서 각종 사회적 문제를 시스템으로 풀려는 진지한 노력을 본격적으로 시도해야 한다.

시스템에는 학연, 지연, 혈연, 종교연 같은 것이 작용할 수도 없고, '끼리끼리의 횡포'도 존재하지 않는다. 한·일 월드컵 4강 신화를 일궈낸 히딩크 감독 또한 선수들의 도덕을 강조한 사람이 아니다. 그는 선수들이 자발적으로 최선을 다하지 않으면 안 되게끔 하는 시스템을 구축한 후, 그것을 효율적으로 운용했던 감독이었다. 필자가 모럴 헤저드를 도덕적 위험으로 번역해야만 한다고 역설하는 이유도 거기에 있다.

정작 노담이 지적한 '도덕'의 동양적 가치와 그 한계점에 해박해야 할 우리들이 그것에 대해 눈감고 있을 때, 팍스아메리카나를 주도하고 있는 미국인들이 《도덕경》의 모럴에 내재된 문제점을 정확하게 직시하고 그 대안으로 시스템을 창안해서 운용하는 것이 그저 놀랍고 두려울 뿐이다.

혹시 우리나라에는 앨빈 토플러(Alvin Toffler)나 래스터 서로우(Lester C. Thurow), 톰 피터스(Tom Peters)와 같은 뛰어난 미래학자들이 없어서 그런 것은 아닌지? 시스템에 문외한인 사이비 리더들이 마치 자기가 준비된 리더인양 허풍을 떠는 모습을 보노라면, 한국의 미래와 우리 아이들의 장래가 여간 걱정스러운 게 아니다.

▶ 《논어》를 보면 '과이불개 시위과의過而不改 是謂過矣'라는 글귀가 나온다. 이는 '잘못을 고치지 않는 것이 잘못이다.' 라는 뜻으로 공자의 중후한 인품을 다시 한번 느끼게 해주는 내용이다. 공자도 사람의 실수에 대해서는 비교적 관대한 입장을 보이고 있다. 그것은 실수를 실수로 인정하고 자신이 잘못한 점들을 반성하고 기꺼이 고치려는 마음가짐을 가질 때, 비로소 인간으로서의 발전과 진보가 시작된다고 믿었기 때문이다.

▶ 모럴 헤저드를 도덕적 해이로 번역하는 것도 마찬가지다. 모럴 헤저드가 '도덕'에 대한 정확한 이해 부족에서 비롯된 것이라는 사실을 인식했다면, 적어도 그것을 수정하려는 자세를 가져야 하는데 지식인들은 그것을 애써 외면하고 있다. 자신들의 실수를 인정하면 권위가 추락한다고 생각하기 때문이다. 21세기는 자신의 실수 앞에서 정직하고, 그것을 고쳐 나가는 데 적극적인 사람이 크게 성공하는 시대다. 당연히 한 조직의 리더도 그런 사람이 맡아야 한다. 그래야만 국가와 조직의 장래에 희망이 있다.

7장

신행정 수도의 박살난 꿈

Korean Leadership

2004년 10월21일은 충청도의 '신행정 수도 건설 프로젝트'가 헌법재판소(이하 헌재) 재판관들로부터 사형선고를 받은 날이다. 충청도민들은 지금까지 자신들이 먼저 나서서 '행정수도를 충청도에 건설해 달라'고 얘기한 적이 없다. '목마른 사람이 우물을 판다'는 말이 있듯이 대선에 출마했던 노무현이 충청권의 표를 얻기 위해 '충청도에 신행정수도 건설!'을 선거공약으로 제시했고, 결국 그는 대통령에 당선됐다.

노무현은 대통령에 취임하자마자 여당인 열린우리당(이하 열우당)을 앞세워 신행정 수도 건설을 위한 특별법 제정에 박차를 가했다. 열우당 지도부는 야당을 설득하는데 성공했고, 마침내 '신행정수도건설특별법'은 2003년 12월19일 국회 본회의에서 찬성 167

표, 반대 13표, 기권 14표로 통과되었다. 또 정부는 그를 근거로 신행정수도건설추진위원회와 신행정수도건설추진단을 구성해 1년여 동안 활발한 활동을 전개해 왔다.

그러다가 2004년 10월21일, '신행정 수도의 건설은 위헌이다.'라는 헌재의 핵폭탄 세례를 맞았다. 이에 충청도민들은 자신들이 제일로 중시하는 체면까지 내팽개친 채, 일제히 분노했다. 주요 공격목표는 그동안 기회주의적 태도로 일관한 한나라당과 위헌소송에 앞장섰던 서울특별시(시장, 서울 시민들)였다.

충청도민들의 분노에 가장 곤혹스러워했던 사람들은 충청도에 정치적 기반을 둔 국회의원들이었다. 여야를 막론하고, 그들에게는 충청도민들의 울분을 달래고 어루만져줄 수 있는 대안 마련이 시급했다. 그 과정에서 하나의 대안으로 급조된 것이 '행정중심복합도시의 건설'이었다.

그러나 헌재의 위헌 판결로 재미를 톡톡히 본 서울특별시와 그 언저리의 시민단체들은 '행정중심복합도시의 건설'에 대해서까지 위헌소송을 제기했지만, 기각으로 결말이 났다. 헌재 재판관들이 다수의 의견으로 '충청도를 행정수도로는 인정할 수 없지만, 대전광역시의 경우처럼 몇 개의 정부부처를 아우르는 행정중심복합도시로 발돋움 하는 것에 대해서는 반대하지 않겠다'는 입장을 드러낸 것이다. 이런 일련의 과정을 지켜보자니, 충청도의 운명이 마치 '멍청도=핫바지=2인자'라는 빛바랜 굴레에 갇혀 있는 따라지신세 같아서 참담한 마음을 금할 길 없었다.

　필자는 노무현이 "충청도에 신행정 수도를 건설하겠다."는 공약
公約을 제시했을 때, 그것이 두 가지 측면에서 공약空約이 될 것임을
예상했다. 첫 번째 이유는 '신행정 수도의 건설' 자체가 장고長考를
거쳐 신중하게 도출된 안이 아니었기 때문이다. 두 번째 이유로는,
천도遷都의 중심지로 공주·연기 지역이 지닌 역사적 한계가 결코
간단하지 않았기 때문이다. 이는 우리가 삼국의 역사와 현대사의
흐름만 제대로 이해해도 금방 알 수 있는 문제다. 또 그것을 상고詳
考해야만 향후 우리 충청도의 자존심을 되찾을 수 있는 비책 마련도
가능하다.

:: 충청도가 푸대접을 받는 본질적인 이유

　'충청도 푸대접'에 대한 단초는 서기 660년의 최대 사건인 백제
의 패망에서 찾아야 할 것 같다. 경상도 출신의 패牌싸움꾼인 김춘
추와 김유신에게 충청남도 부여의 의자왕이 몰매를 두들겨 맞은 것
이다. 의자왕의 비극적 운명은 그로부터 1,300년이 조금 더 흐른
1961년 5월16일 새벽에 또 다시 재현되었다. 충청남도 아산 출신
의 윤보선(당시 그는 제2공화국의 핫바지 대통령이었다)이 경상도 출
신의 박정희('사이코 다카모리'라는 일본 무사를 무척 흠모했던 그는 자

신의 옛 고향 선배인 김춘추와 김유신의 싸움꾼 기질을 고스란히 전수받았다. 그렇다고 해서 모든 경상도 사람들이 싸움꾼이라는 것은 아니다. 실제로 우리 주위에는 아주 훌륭한 인품과 능력을 가진 경상도 사람들도 많이 있다)에게 맥없이 무너진 것이다.

그 이후에도 경상도 출신 인물들의 정권 쟁취는 계속되었다. 박정희가 자신의 부하였던 김재규에 의해 제거되자, 그 권력의 공백은 1979년의 12·12사태와 1980년의 5·17 계엄확대를 자행한 전두환과 노태우 일당에 의해 메워졌다.

그 후 권력은 삼당 합당의 야합을 주도했던 YS(그는 멸치어장을 운영하던 경상도 어부의 자식이었다)에게 넘어갔다. 서울대 철학과 출신의 YS는 놀랍게도 '경제'와 '갱제', 'KAIST(한국과학기술원)와 KIST(한국과학기술연구원)' 마저 구분하지 못하고 조깅만을 즐기다가 국가 부도를 내는 중대한 과오를 범했다. 결국 그는 국민들의 따가운 비판 속에 초췌한 모습으로 권좌에서 물러나고 말았다.

브레이크 없는 벤츠처럼 제어불능의 상태에 놓였던 YS의 권력은 오래간만에 전라도민들의 영원한 지존인 DJ에게 넘어갔다. 외환위기 극복에 지쳐버린 DJ의 권력은 지난 대선 때, 세상 물정에 어두운 경상도 출신 노무현에게 계승되었다. 이처럼 경상도 출신들의 패권이 수십 년간 지속되면서 일명 TK와 PK로 지칭되는 대구와 경북, 그리고 부산 사람들은 한국을 이끄는 대표적 정치세력으로 성장했다. 또 그들은 무주공산無主空山이었던 서울특별시를,

그것도 권력·부·언론과 관계된 모든 조직의 60~70%를 싹쓸이
해 버렸다.

　이에 반해, 충청도는 언제나 패배자의 우울한 길만 걸어왔다. 간
혹 군사쿠데타에 가담해 입신양명을 도모한 사람이 있긴 있었지만,
그들 역시 1인자가 되지 못하고 2인자나 삼류 하수인(보안사 준위
출신으로, 충남 공주에서 국회의원을 역임했던 이상재씨가 그 대표적인
예다)의 자리에 머물다가 토사구팽 당하는 처량한 신세였다. 그런
데 역사는 2인자나 삼류 하수인들에 대해서 매우 냉혹했다. 그들에
게 관심은커녕 기억조차 해주지 않는다. 백제의 마지막 고도였다가
망해 버린 부여와 그 전 시대의 수도였던 공주의 초라한 모습이 그
것을 입증해준다.

　부여와 공주에 산재해 있는 백제 유적지와 유물은 그 역사적 가
치가 높음에도 불구하고, 관광 인프라는 형편없는 수준이다. 그도
그럴 것이 국가의 돈줄을 쥐고 있는 경상도의 싸움꾼 후예들이 뭐가
아쉬워 망해 버린 백제 유적지와 유물 보호를 위해 국민들의 혈세를
쓰겠는가? 그러나 그 자들이 모르는 것이 하나 있다. 그것은 일본인
에게 있어, 백제는 일종의 성지聖地와도 같다는 사실이다.

　일본말로 백제는 '구다라(くだら, 부여지역의 '구드레'라는 지명에
서 유래된 것으로 추측됨)'다. 또 일본말 '구다라나이(くだらない)'는
'시시하다' 또는 '하찮다'로 해석된다. 한 가지 재미있는 것은 'く
だら'가 '백제'이고, 'ない'가 '없다'는 뜻이므로, '구다라나이'는

'백제 없다'가 된다. 그런데 일본인들은 '백제 없다'는 의미의 구다라나이를 '시시한 것' 또는 '하찮은 것'으로 해석한다. 즉 백제가 없으면 모든 것이 다 시시하고 하찮은 것으로 비춰질 만큼, 백제는 일본인들에게 있어 매우 중요한 대상(이것은 어디까지나 필자의 사견에 불과하다. 만약 필자의 견해에 오류가 있다면 지적해 주길 바란다)이다.

백제의 유적지 중에서 외부인에게 널리 알려진 것은 공주 지역의 무령왕릉, 공산성, 박물관 그리고 부여 지역의 능산리 고분과 부소산성(낙화암, 고란사, 백마강), 정림사지(5층 석탑), 박물관 정도다. 그런데 이들 유적지는 하루 정도만 구경하면 충분할 정도로 볼거리가 별로 많지 않다. 게다가 유적지 보호와 보전에 대한 정부의 재정지원이 미미한 탓에, 흉물스런 모습을 하고 있는 유적지도 적지 않다. 어쩌면 이것은 패망한 나라의 수도가 감내해야 할 역사적 비운인지도 모른다.

그에 반해 삼국통일의 위업을 달성했던 신라의 옛 수도, 즉 경상도 경주에 가보면 우선 유적지의 스케일과 유물의 양이 우리를 압도한다. 경주는 특급호텔만도 수십 개가 성업 중이다. 그러나 공주는 특급호텔 자체가 없고, 부여는 특급호텔이 한 개 있긴 하지만 모텔 수준에 불과하다. 그나마 그곳으로 향하는 진입로는 아직도 비포장 1차선이다. 독자들은 과연 필자의 얘기를 믿을 수 있겠는가? 그러나 이것은 분명한 사실이다. 따라서 우리는 제 고향(공주와 부여)발전에 이렇게까지 무관심했던 JP에게 '부여가 낳은 세계적인 인물'이라고 아부했던 인간들을 찾아낸 다음, 그들을 정치판에서 영원히 제명시켰으면 한다. 충청도의 정치적 비상을 위해서는 그런 삼류 정치인들부터 사라져야 할 것 같기에 해보는 말이다.

지금 경주 사람들은 패싸움에 능했던 조상들을 잘 둔 덕택에, 별로 힘들이지 않고도 그들이 남겨준 유물과 묘지에서 나오는 각종 부대 서비스를 팔면서 그럭저럭 잘 살아가고 있다. 그것을 보면, 전쟁은 어떤 전쟁이든 우선 이기고 볼 문제이며, 1인자의 자리는 목숨을 걸고서라도 기어코 뺏고 볼 일이다. 왜냐하면 패배한 자나 만년 2인자에게는 자신을 변명할 기회도 주어지지 않는데다, 자신들의 정신세계나 문화유산마저 제대로 대물림해 주기도 어렵기 때문이다.

:: 헌재의 '관습헌법' 논리에 숨겨진 불순한 의도 ::

이제까지 논의한 내용들을 정리해 보자. 비충청권 사람들에게 있어 공주·연기지역은 패망한 백제의 옛 도읍지에 불과하다. 또 백제 역사 660년 가운데, 공주가 백제의 수도였던 기간은 전체 역사 중 약 10%(정확하게는 63년이다)에도 못 미친다. 게다가 충청도의 의자왕은 경상도의 김춘추와 김유신에게 비참하게 깨졌다. 충청도 출신의 유일한 대통령이었던 윤보선(내각책임제하의 제2공화국에서 모든 실권은 총리였던 장면에게 있었다. 그는 의전상 1위 자리만을 차지하며 청와대를 지키고 있었던 허깨비였다) 역시 경상도 출신의 박정희에게 거세당하고 말았다. 그 이후 충청도 사람들은 어느 누구도 청와대의 주인으로 등극하지 못했다. 청와대를 향한 이회창 씨의 연이은 좌절도 이런 맥락에서 바라보면, 충분히 이해가 되고도 남음이 있다.

오랜 세월 동안 백제의 땅이었던 서울특별시의 패권까지 거머쥔 경상도 문둥이들이, 또 그들의 틈바구니에서 온갖 문화적 혜택과 부를 일궈온 비경상도 사람들이 충청도를 어떻게 바라볼 것인가의 문제가 신행정 수도 건설의 최대 관건이었다.

그런데 이들은 한결같이 역사적으로 멸망한 백제의 옛 수도를, 그리고 그곳에 살면서 제대로 된 대통령을 단 한명도 배출시키지 못한 충청도민들을 신행정 수도와 새로운 특별시민으로 인정하기가 매우 어려웠을 것이다. 이는 마치 두 개의 태양이 공존할 수 없듯이, 수도와 특별시민은 현재의 '서울'과 '서울특별시민'으로 국한되어야 한다는 게 그들의 기본 입장이었다. 신행정 수도가 건설될 경우, 자신들의 안보문제와 집값 하락에 따른 경제적 피해는 오히려 그들에게 있어 부차적인 문제에 지나지 않았다.

이를 반영하기라도 하듯이, 헌재 전원재판부는 2004년 10월21일을 기해 중대 선언을 발표했다. 그들은 결정문에서 일곱 명의 다

수 의견을 통해 "서울이 수도라는 점은 헌법상 명문조항이 있는 것은 아니지만, 조선왕조 이래 600여 년간 오랜 관습에 의해 형성된 관행이므로 관습헌법으로 성립된 불문헌법에 해당된다. 따라서 '수도=서울'이라는 관습헌법을 폐지하기 위해서는 헌법이 정한 절차에 따른 헌법개정이 이루어져야 한다. 그러나 정부가 헌법 개정절차를 거치지 않았음으로 헌법상 국민투표권을 침해한 위헌이다."라고 밝혔다.

그 내용을 살펴보면, 충청도와 충청도민들에 대한 헌재 재판관들의 생각은 서울특별시민들의 그것과 똑같다(하긴, 그들도 헌재 재판관 이전에 '수도=서울'의 논리를 사수해야만 했던 서울특별시민이었다)는 것을 금방 알 수 있다. 그들이 주장한 '관습헌법'의 논리 뒤에는 '충청도는 실패한 수도였고, 너희 충청도민들 중에서 제대로된 대통령을 역임한 자가 단 한 명도 없었다. 그런데 지금 와서 너희 충청도가 행정 수도가 되고, 충청도민들이 특별시민이 되겠다고? 어림도 없는 얘기를 꺼내지 마라!'는 식의 불순한 의도가 저변에 깔려 있다. 참으로 비겁하고 음흉스럽기 그지없다.

앞으로 충청도의 구겨진 자존심을 회복하기 위해서는 충청권 정치인들부터 제 정신을 차리고, 국민대통합의 리더십을 발휘하기 위해 전력 질주해야 한다. 그러기 위해서는 무엇보다도 전국적인 지명도와 국민들이 기꺼이 인정해줄 수 있는 카리스마를 가진 정치 리더가 있어야 하는데, 지금의 충청권에는 그럴만한 인재가 보이지 않는다. 참으로 안타까운 일이 아닐 수 없다. 따라서 이제는 충청도 민들 스스로 두 눈 부릅뜨고 직접 나서는 수밖에 없다.

과거의 JP(그는 능수능란한 처세술로 만년 2인자의 역할을 도맡아왔다)처럼 충청도를 볼모로 자신의 정치적 노욕老慾을 충족시키기 위해 야합野合만을 즐기는 정치 리더가 있다면, 그런 사이비 정치인부터 추방해야 한다. 그 대신 정치인의 정도를 걸으면서 백제인의 혼과 기백을 지키려고 노력하는 사람, 분명한 정치적 컬러와 따뜻한 인간애를 구비하고 서번트(Servant) 리더십을 발휘할 수 있는 인물을 발굴해서 충청권의 대표주자로 키워줘야 한다. 그래야만 충청도에 희망이 있다. 지난 날 전라도민들이 DJ(그도 많은 문제를 지닌 사람이었지만, 전라도민들은 초지일관된 자세로 그를 신뢰하고 지지해 주었다)를 키우면서, 그 사람으로부터 전라도에 대한 미래 희망을 가졌듯이.

필자는 그것만이 오랫동안 갖은 수모와 푸대접을 받아온 비운의 충청도를 화려하게 부활시킬 수 있는 첩경이라고 생각한다.

▶ 필자는 충청도 사람이지만, 신행정 수도를 충남 연기와 공주지역에 옮기는 것을 근본적으로 반대했던 사람이다. 지역의 균형된 발전을 위해서는 수도 기능의 분산 이전보다 우수기업의 유치를 통해 돈과 인재가 몰려오도록 하는 게 최선책이라고 믿고 있었기 때문이다. 지금도 그 소신에는 변함이 없다.

▶ 노무현은 국가의 백년대계를 위한 비전 제시보다는 충청도민들의 환심을 살 수 있는 극약처방을 통해 대통령이 되는 데만 골몰했던 사람이다. 그는 국민대통합을 시도하기보다는 보수와 진보간의 대립, 노장층과 청년층의 대립, 부자와 가난한 사람간의 대립을 부추기는 국민대분열 전략으로 국가의 최고 권력자 자리에 올랐다.

▶ 만약 공자께서 현재 한국의 정치상황을 조망한다면 '견소리칙대사불성見小利則大事不成(작은 이익에 현혹되면 큰일을 이루지 못한다)' 이라는 말로 노무현을 비롯한 정치 리더들의 치졸한 언행을 꾸짖었을 것이다. 이제 우리들은 선거혁명을 통해 부질없는 개인의 영달과 사적인 이익추구에 탐닉하는 사이비 정치 리더들을 정치판에서 몰아내야 한다. 그것만이 국가의 미래와 우리 후손들의 행복을 지킬 수 있는 유일한 길이다.

3부

표류하는
한국의 리더

KOREAN LEADERSHIP

1장

태극기는 부적이 아니다

1998년부터 2003년 초까지(2003년 삼일절부터는 우리 집 막둥이의 간청에 따라 태극기를 게양하고 있다. 우리 집 막둥이는 놀이방에 갈 때도 태극기를 들고 다녔던 녀석으로 별명이 '태극기 소년'이었다) 우리 집에서는 국경일이나 현충일에 태극기를 게양하지 않았다. 아들 녀석이 "우리 집에도 태극기를 달자."고 보채도 한사코 태극기 달기를 거부했다. 공식 석상에서는 국가에 대한 충성을 맹세하고, 정작 남이 보지 않는 곳에서는 온갖 민폐만 끼치며 거들먹거리는 사이비 리더들에 대한 반발 때문이다.

한국 경제가 외환위기라는 블랙홀에 빠지자, 어느 정신 나간 고급 관료가 DJ에게 '태극기 달기 운동'을 제안했던 모양이다. 그런데 DJ는 그 제안에 대해 심각하게 생각해 보지 않고, 국무회의 석상에서 '태극기 달기 운동'을 지시했다. 그러나 문제는 "장관들부터 솔선수범해서 태극기를 달도록 하라."는 DJ의 당부를 열심히 받아 적었던 장관들 대부분이 태극기를 달지 않았던 것이다. 이 사실은 열혈남아의 기질을 가진 어느 한 기자의 끈질긴 추적에 의해 그들의 이중적인 태도가 그만 들통 나 버렸다.

방송국 기자와 신문사 기자들이 지켜보는 앞에서 애국심의 실천을 다짐했던 장관들이, 자신의 집에서는 대통령의 지시를 깡그리 내팽개친 것이다. 그렇다고 해서 그들에게 조금도 실망할 필요가 없다. 워낙 장관들이라는 사람들 대부분이 그렇게 처신하고 행동하면서 카멜레온처럼 변신을 거듭해 온 사람들이니까.

:: 이상한 태극기 달기 운동
::

더욱이 대통령의 말씀은 곧바로 이상한(?) 단체('제2건국 추진위원회'로 기억된다)의 사람들에 의해 전 국민을 대상으로 한, '태극기 달기 운동'으로 확산되었다. 그 결과, 한국을 상징하며 근엄하게 휘날려야 할 태극기가 무당 집 솟대 수준의 깃발로 전락하고 말았다. 태극기의 고통과 모욕은 거기서 끝나지 않았다.

시내버스에서부터 영업용 택시, 자가용, 인형, 가방, 옷, 모자, 양말, 팬티, 심지어는 참치 캔에 이르기까지 태극기는 국민들의 애국심을 자극하는 상표 역할까지 맡아야 했다.

어디 그뿐인가. 국기 하강식이 군사정권의 권위주의적 산물이라는 일부 비난 여론을 의식한 정부는 국기 하강식을 폐지했다. 그런데 어떤 기관에 가보면 한밤중인데도 태극기를 국기 게양대에 그대로 걸어놓고 있으며, 또 어떤 경우에는 눈과 비가 오는데도 태극기를 빗속에 방치하기도 한다. 필자는 그런 모습을 수십 차례 경험했다.

한번 냉정하게 생각해 보자. 오늘날 우리 한반도에 내리는 눈과 비는 그야말로 오염물질을 잔뜩 함유하고 있는데다 산성까지 극심하다. 깨끗한 상태에서 눈부시게 휘날려야 할 태극기가 눈과 비에 찌들어 변색된 상태로, 그것도 바람에 찢겨지고 뒤틀린 상태로 흉물스럽게 걸려 있는 모습은 뜻있는 사람들의 마음을 아프게 한다. 참으로 억장이 무너지고 기가 막힐 노릇이었다. 필자는 혹세무민을 조장하는 어느 얼치기 인간의 의견('태극기를 달고 다녀야 국가가 잘 될 수 있다.'는 주장을 일컫는다)을 받아들여 국가시책으로 강력하게 추진했던 DJ 정부의 무지한 모습을 보면서 '행정의 선진화'가 아주 요원한 것임을 절감했다. 그때 심정으로는 DJ 정부가 거둬간 세금을 고스란히 되돌려 받고 싶었다.

지난날 우리가 경험했던 외환위기의 주범은 정치지도자, 경제관료, 기업가, 금융인들의 총체적인 지식 빈곤과 모럴 헤저드였다. 또 그들을 감시하고 견제하는데 게을리 했던 국민들의 어리석음이 종범從犯이었다. 단지 태극기를 들고 다니지 않았기 때문에, 외환위기가 들이닥친 것이 아니다. 그런데도 태극기를 상표나 부적 삼아 들고 다니면서 경제위기의 극복을 기대했던 것은, 사이비 점쟁이들의 속임수에 현혹된 사람들이나 할 수 있는 어리석은 짓이었다.

:: 한국 경제의 문제는 시스템적 사고로 풀어야
:::

시스템적 사고와 철저한 시장경제시스템의 구축만이 산적한 경제문제를 풀 수 있는 키워드다. 즉 선진공인회계시스템, 예산관리시스템, 세제개혁시스템, 부실공사예방시스템, 정보공개시스템, 은행의 대출심사시스템, 인재양성시스템의 효율적인 구축만이 한국경제의 유일한 비상 탈출구다.

그런데도 어찌된 영문인지 우리의 정치적 리더들은 태극기의 신통력만을 믿고 전 국민들을 엉뚱한 방향으로 호도했다. 몇 년 전, 모 방송사가 주관한 '국민과의 대화'라는 프로에 출연한 DJ는 우리 민초民草들에게 "국민 여러분! 조금만 참고 이 난국을 헤쳐 나갑시다. 그러면 반드시 좋은 세상이 올 것입니다."라고 말했다. 그런데 그가 제시했던 좋은 세상이 정말로 우리 곁에 다가왔는가?

현재 노무현이 이끄는 한국 경제는 중산층의 붕괴로 빈부의 격차가 커졌으며, 기업들의 잇따른 구조조정 여파로 실업률이 크게 높아졌다. 특히 청년실업률은 전체 실업율의 두 배다. 또 휴대전화, 반도체, 자동차, 철강, 조선을 비롯한 일부 품목에서의 눈부신 선전을 제외하면, 국가 경제 전체를 보더라도 그다지 큰 희망이 보이지 않는다.

또 DJ는 개인적으로는 아들 둘이 뇌물수수죄로 구속되는 아픔을 겪어야 했고, 집권 초기에 받은 노벨평화상이 조직적인 로비 때문이었다는 의혹이 제기되면서 노벨상의 가치가 큰 손상을 입었다. 게다가 사상적인 의혹까지 받아가면서 전심전력했던 '햇볕정책'은 서해교전과 북한의 핵무기 보유라는 복병을 만나 그 빛을 잃은 지 이미 오래다. 그 모든 원인은 국정운영을 시스템적 사고로 일관하지 않고, 섣부른 지시와 어설픈 대책회의로 대처했기 때문이다. 시스템에 관한 한 DJ는 원시인 수준에 불과했다. 그런데도 사람들은 DJ를 보고 독서광이라고 칭찬한다. 그러나 필자는 "과연 그가 무슨 책을 읽었기에, 국정운영을 그 정도밖에 이끌지 못했을까?"라는 의구심이 생겼다.

DJ는 무슨 사건이 터질 때마다 "경제회생을 위해 남은 임기 동안 최선을 다하겠다."는 말만 되풀이해 왔다. 그런데 팔순의 연로年老한 대통령이 최선을 다해 봤자 얼마만큼 최선을 다할는지 정말로 궁금했다. 밤을 지새우면서 부하 직원들을 독려할만한 건강도 없었을 뿐더러 정권 말기의 레임덕 현상으로 그의 명령에도 약효가 떨어진 지 이미 오래였다. 그리고 일은 시스템이 하는 것이지, 사람이 하는 게 아니다. 그런 점에서 노무현은 DJ의 실패를 반면교사로 삼아 시스템 대통령으로 거듭나야 한다.

즉 청와대의 시스템 참모들과 대통령이 국정운영의 시스템만 제대로 구축해 놓으면, 시스템에 내재되어 있는 자가계획自家計劃, 자가경고自家警告, 자가위기관리自家危機管理 프로그램에 의해 저절로 굴러가기 마련이다. 그러면 대통령의 업무가 크게 줄어든다. 대통령이 심혈을 기울여야 할 일은 소외된 사람들에게 용기와 희망을 주고, 국정운영시스템이 효율적으로 작동하고 있는 지를 꼼꼼하게 체크해서 개선 및 보완 사항만을 지시하면 그만이다. 그런 의미에서 '코드 인사'를 주장하는 사이비 참모들은 지금이라도 자리에서 물러나게 해야 한다.

가령 국가차원에서 부정부패를 해결할 수 있는 최선책은, 대통령의 지시와 주무장관들의 대책회의가 아니다. 기업들의 비자금 조성을 차단할 수 있는 선진국형 공인회계시스템과 은행들의 대출심사 시스템만 제대로 구축해 놓으면 부정부패는 곧바로 척결될 수 있다. 장관들 자신이 부정부패로부터 자유로울 수 없는데, 그들에게 "부정부패를 해결하라."고 하니 이는 도둑고양이에게 생선을 통째로 맡기는 꼴이 아니고 무엇인가? 따라서 연로한 대통령이 정신없이 일하겠다는 것은, 국정운영에 시스템이 없었다는 단적인 증거였으며 국민들은 DJ의 과로사부터 염려해야 하는 중대한 사안이었다. 그런데도 그것을 지적하는 관료들이 하나도 없었다.

:: 태극기는 국격을 상징하는 우리의 자존심 ::

태극기는 국가를 대표하는 상징이며, 우리들의 자존심인 동시에 얼굴이다. 따라서 태극기는 깨끗하게 보존하고 정성스럽게 다뤄야 한다. 권위주의의 청산이라는 세간의 알량한 압력 때문에 장엄한 절차의 국기 게양식이나 하강식은 못하더라도 일몰 전에는 태극기를 내려서 잘 보관했다가 아침에 게양하도록 해야 한다. 적어도 그렇게 하는 것이 국민으로서 지켜야할 최소한의 예의이자 기본 도리다. 또 눈이나 비가 오는 날에는 태극기를 게양하지 말아야 한다.

결론 삼아 우리나라의 정치 리더들에게 꼭 해주고 싶은 말이 있다. "더 이상 국민들을 호도하지 마십시오. 태극기는 상표도 부적도 아닙니다. 단지 우리나라를 상징하는 태극기일 뿐입니다. 그러니 '국기에 대한 맹세'에서 다짐했던 것처럼 조국과 민족을 위해 충성을 다하는 솔선수범의 모습을 보여주기 바랍니다."라고 말이다.

태극기! 우리의 불행했던 역사와 고통스런 좌절을 온몸으로 끌어안은 채, 외롭게 휘날리고 있는 태극기를 보면 갑자기 F-16 전투기를 몰며 조국의 하늘을 지키는 친구 K대령이 필자에게 해준 말이 생각난다.

"민간인들은 태극기에 대한 느낌이 별로겠지만, F-16의 조종간을 잡고 하늘에다 운명을 맡긴 나는 태극기가 그렇게 아름다울 수 없어. 내가 장렬하게 전사하는 한이 있더라도 태극기가 마음껏 휘날릴 수 있는 공간만큼은 확실하게 지켜주고 싶어! 그래서 그런지는 몰라도 비행훈련을 위한 전투기의 이착륙 때, 가장 먼저 시선이 가는 것은 부대 본부 게양대에 높이 걸려 있는 태극기야. 나는 그것을 쳐다보기만 해도 가슴이 쿵쿵 뛰거든. 그런 것을 보면 나는 영원한 군대 체질인가 봐."

필자 역시 K대령의 생각과 조금도 다르지 않다. 필자에게 있어 태극기는 이순신 장군의 모습으로, 안중근 의사의 열정으로, 유관순 열사의 혼으로 느껴지며, 그것을 가볍게 대하는 사람들과는 그리 가깝게 지내고 싶지 않다.

▶ 《논어》를 보면 '군자유구사君子有九思'라는 글귀가 나온다. 공자는 "군자에게는 늘 마음에 새겨두고 실천해야 할 것이 아홉 개가 있다." 라고 설파했다. 그 내용을 자세하게 소개하면 다음과 같다.

① 시각 : 시각은 밝고 민첩해야 한다.

② 청각 : 청각은 예민해야 한다.

③ 표정 : 표정에는 따뜻한 인간미가 넘쳐흘러야 한다.

④ 태도 : 매사에 최선을 다하는 성실함으로 무장해야 한다.

⑤ 발언 : 신중하고 충실한 자세로 말해야 한다.

⑥ 행동 : 신중하고 조심성 있는 자세로 처신해야 한다.

⑦ 의문 : 항상 '왜 그럴까?' 라는 자세로 탐구심을 가져야 한다.

⑧ 감정 : 사사로운 감정에 휘말리지 말고 침착해야 한다.

⑨ 이익 : 이익 앞에서 '그것이 과연 정의로운 것인가?'를 생각해야 한다.

▶ 공자께서 말한 '군자유구사'를 생활화하는 사람은 세상사를 자신의 입장에 따라 견강부회牽强附會하는 어리석음을 범하지 않을 것이다. 남을 이끄는 리더가 되려면 무엇보다도 세상을 바라보는 눈에서 객관성, 일관성, 공평성, 따뜻한 인간미를 잃지 말아야 한다. 이런 자세를 갖는다는 것이 말처럼 쉽지 않기 때문에, 리더는 아무나 할 수 있는 게 아니다. 그럼에도 불구하고 우리 주변을 둘러보면 왜곡된 시각으로 세상을 이끌어가려는 사이비 리더들이 적지 않다. 안타까운 일이 아닐 수 없다.

2장

함부로 할복하지 마라

Korean Leadership

　잊을만하면 불거져 나오는 사회지도층 인사들의 할복사건이 세인들의 눈살을 찌푸리게 한다. 그동안 국내에서 일본 사무라이들을 흉내 낸 할복사건이 여러 차례 있었지만, 필자의 뇌리 속에 깊이 각인되어 있는 대표적인 사건은 크게 세 가지다.

　지난 1989년 3월, YS 정권 하에서 국가안전기획부장(현 국가정보원장)을 역임했던 K씨가 화장실 변기 위에서 면도칼로 할복하는 소동을 벌였다. 또 그 소동이 있은 지 약 1년 5개월 후, 농업협동조합과 축산업협동조합의 통폐합을 반대하던 S씨(그는 당시 축산업협동조합중앙회장이었다)가 국회에서 할복을 시도했다. S씨는 과거 제주도 지사를 역임했던 인물이었다. 게다가 얼마 전에는 YS 정권 시절, 소통령으로 군림하며 사회적 물의를 일으켰던 YS의 차남이 자신의 결백을 주장하며 할복을 자행했다.

그런데 이들은 한결같이 '깨끗하게 죽음으로써 모든 책임을 혼자서 짊어지고 가겠다.'는 것을 전제로 한 할복을 시도하지 않았다. 단지 책임을 회피하고 사법부와 국민들에 대한 항변용 할복을 연출했을 뿐이다. 더 가증스러웠던 것은, 생명에는 전혀 지장이 없도록 할복을 한 후에 자신의 병실을 찾아온 정신 나간 기자들에게 "할복을 했음에도 불구하고 내가 죽지 않은 것을 보니, 아직도 하나님께서 내게 맡기실 일이 있는 모양이다."라는 말을 서슴없이 내뱉었다는 점이다.

사군자四君子로 대변되는 선비정신과 시문詩文을 중시하는 '붓 문화'를 자랑해온 한국에서, 그것도 일국의 고관대작을 역임한 자들이 '칼 문화'로 대표되는 일본 사무라이들의 세계를 흉내 냈다는 것 자체가 한마디로 블랙 코미디다. 타협과 토론을 통한 합리적인 방법으로 문제 해결의 모범을 보여야 할 자들이 과거 사무라이들이 심복들의 실수나 죄를 묻는 방법으로 사용하는 할복을 선택했기 때문이다. 그것도 깨끗하게 이승을 떠나는 할복이 아니라, 100% 살아남는 정체불명의 할복을 시도했다는 점에 분노가 치밀어 오른다.

할복의 유래는 일본의 역사에서 찾아볼 수 있다. 일본에서 미나모토源와 타이라平라는 두 무사의 가문이 헤게모니 쟁취를 위한 패권 다툼을 벌인 후, 미나모토의 가마쿠라바쿠후鎌倉幕府가 성립된 것은 12세기 말경이었다. 이때부터 칼로 배를 가르는 셋부쿠切腹가 행해지기 시작했다. 즉 영주가 심복인 사무라이들에게 자신에 대한 충성심을 보이도록 하기 위해서 자신이 지켜보는 앞에서 무사답게 할복할 것을 명령했던 것이다.

그 이후부터 할복은 '칼의 나라' 일본을 상징하는 전통적인 무사도의 하나로 여겨져 왔다. 일본의 전통 민중 연극이라고 할 수 있는 가부키歌舞伎의 대표적인 작품《주신구라忠臣臟》역시 그 소재는 무사들의 집단적 할복이다. 억울한 누명을 뒤집어쓰고 할복 자결한 영주를 위해 47명의 사무라이들이 주군인 영주의 원수를 갚은 뒤, 모두 할복 자결한다는 단순한 내용이다. '칼의 미학'을 추구하는 일본과 일본인들의 정서를 충실하게 대변해온《주신구라》는 오늘날까지 일본인들에게 많은 사랑을 받고 있다.

한편, 할복이라 해서 아무렇게나 하는 게 아니다. 일본인들은 할복을 하는데 있어서도 사무라이로서 지켜야 할 법도를 철저하게 준수한다. 그들은 화장실 같은 곳에서 면도칼 따위로 할복을 하지 않는다. 먼저 할복을 결행하려는 사람은 탁 트인 장소를 선택한 다음,

자신의 복부를 흰색 천으로 감싼다. 그리고 무릎을 꿇은 자세에서 아랫배의 한가운데에 칼을 깊숙이 쑤셔 넣은 다음, 오른쪽 복부까지 쭉 긋는다. 이때, 할복에 따른 고통으로 앉은 자세가 보기 흉하게 흐트러지거나 아픔을 호소하는 고성高聲을 지르면 그다지 멋진 할복으로 인정받지 못한다. 따라서 사무라이들은 그런 일이 발생하는 것을 막기 위해 보통 2인 1조로 할복을 단행한다. 즉 어느 한 사람이 할복할 경우, 다른 동료가 옆에서 그의 목을 긴 칼로 쳐주는 것이다. 이것이 일반적인 할복의 방법이다.

그런데 어떤 사람은 복부에 찔러 넣은 칼을 직각으로 돌려세워, 오른편 가슴 위까지 긋는 할복을 결행하기도 한다. 스스로 자신의 심장을 파열시켜 절명하게 하는 할복이다. 이 정도만 하면 굉장한 할복에 속한다. 그러나 이보다 더 독한 사람은 아주 소름끼치는 방법으로 할복을 자행하기도 한다. 그들은 자신의 심장을 파열시킨 다음, 그 칼로 자기 목 주위에 있는 경동맥을 찔러서 자결을 시도한다. 이 경우에는 동료가 옆에서 목을 쳐줄 필요도 없다. 이렇게 할복을 단행한 사람은 '할복의 신'으로서 모든 사무라이들의 존경과 추앙을 받게 된다고 한다.

할복의 법도가 위와 같다면, 우리나라 고관대작 출신인 K씨, S씨, 그리고 YS의 차남이 행한 할복은 도저히 할복으로 인정할 수 없는 저질 코미디 쇼에 불과하다. 할복의 법도도 모르면서 이상야릇한 할복을 시도하는 사람들의 모습에서 부끄러운 우리나라 사회지도층 인사들의 허상을 발견하게 된다.

더구나 할복은 우리 국민들의 기본 정서와도 거리가 멀다. 예로부터 우리 민족은 부모가 물려준 신체발부身體髮膚를 온전하게 보존하는 것을 효의 시작이자 근본으로 여겨왔다. 나아가 삶의 마지막 통과의례인 죽음 역시 경건해야 한다고 믿어왔다. 죽은 사람에게 깨끗한 수의를 입힌 뒤, 시신을 정중히 모시는 이유도 그 때문이다. 이는 "죽음의 모습이 보기에 흉하거나 지저분하면 저승길 여정이 편하지 않다."는 우리 사회의 전통적인 인식과도 무관하지 않다.

또한 국민 정서에 역행하는 할복을 한다고 해서 모든 문제가 저절로 해결되는 것은 아니다. 할복은 죽음을 전제로 자신의 극단적인 의사 표출을 통해 강력한 저항을 시도해 보겠다는 뜻을 담고 있다. 그러나 복잡 미묘한 사안일수록 서로의 입장을 파악하면서 충분한 대화와 토론을 통해 의견 접근을 도모해 나가는 것이 무엇보다 중요하다. 할복처럼 극단적이고 과격한 방법을 선택하는 것은, 협상의 파트너에게 혐오감만 가중시킴으로써 문제 해결을 더욱 더 어렵게 만들 뿐이다. 그런 의미에서 할복은 시스템적 사고와 정면으로 배치되는 공공의 적이다.

:: 칼 모양으로 본 한·중·일 삼국 문화의 특성
::
::

'칼의 미학'은 일본의 사무라이 제도와 음식문화로부터 잉태되었다는 게 필자의 생각이다. 일본은 중국이나 한국이 인재 등용문으로 활용했던 과거제도를 채택하지 않았다. 그들에게 있어 인재란, 힘에 기초하여 영주를 지키고 보호할 수 있는 무사들이었다. 즉 사무라이 제도가 과거제도를 대체했던 것이다. 또 일본인들은 오래 전부터 생선회를 즐겨 먹었다. 그런데 살아있는 생선을 단숨에 제압한 후, 생선회를 뜨기 위해서는 칼 자체가 매우 예리하고 잘 베어져야 한다. 그런 의미에서 필자는 일본의 사무라이 제도와 음식문화인 생선회가 일본 고유의 '칼 문화'를 만들어냈다고 생각한다.

일본의 '칼 문화'는 일본인들의 정신세계나 의식구조에도 그대로 반영되어 있다. 일본인들이 매사에 약속이나 시간을 칼(여기서 칼은 매우 정확하다는 의미로 사용된다)같이 지키고, 자신에게 맡겨진 일은 어떠한 일이 있어도 확실하게 완수하려고 노력하는 모습 또한 주군에게 충성을 다하려는 사무라이들의 속성과 일맥상통한다.

이뿐만이 아니다. 일본인들은 평소 예의가 바르고, '하이(はい, 예)'라는 표현을 주로 사용한다. 긍정으로 물어도 '하이', 부정으로 물어도 '하이'라고 대답하는 게 일본인들이다. 그들에게 있어 '이이에(いいえ, 아니오)'는 잊혀진 단어라고 해도 그다지 틀린 말이 아니다. 어떤 경우에는 다른 사람이 실수로 자신의 몸을 툭 쳤을 때도, 자신이 먼저 '스미마센(すみません, 미안합니다)'이라고 사과하는 게 일본인들이다.

혹자는 일본인들이 맹자의 성선설性善說을 신봉하기 때문이라고 강변할지 모른다. 그러나 필자는 그런 주장에 동의하고 싶은 마음이 별로 없다. 왜냐하면 매사에 분명하고 예의 바르며 시간 약속이나 법규 등을 철저하게 준수하는 일본인들의 의식구조 이면에는 어김없이 일본의 '칼 문화'가 견고하게 자리 잡고 있기 때문이다.

가령, 일반 백성들이 지배계급인 사무라이들의 명령에 따르지 않거나 불경스런 행동을 했을 경우, 그들은 목숨이 열개라도 이 세상에 살아남을 수 없었을 것이다. 사무라이들의 권력과 권위를 상징하는 '칼' 앞에서 일본의 모든 피지배계층은 선량한 한 마리의 양처럼 행동할 수밖에 없었다. 필자는 그것이 현대의 일본인들로 화석화된 것이라고 생각한다.

독도 영유권을 주장하며 일제의 만행에 대해 외면하는 일본과 일본인들의 모습을 보라. 일본과 일본인들에게 맹자는 없다. 있다면, 그것은 오로지 힘 앞에서는 비굴할 정도로 얌전해지는 순자의 성악설性惡說만 존재할 뿐이다. 한국에 대해서는 오만한 태도로 우쭐대면서도 미국 앞에서는 한없이 얌전한 일본의 모습이 그것을 입증해 주고 있다.

그에 반해, 한국인들이 주로 사용하는 칼은 초식문화를 특징짓는 무와 배추를 다듬거나 써는데 적합한 부엌칼이다. 또 부엌칼은 칼

날이 예리하지 않기 때문에, 생선회를 뜨기에는 부적합하다. 그래서 그런지 부엌칼을 생활도구로 사용하는 한국인들은 생선회 칼을 쓰는 일본인들에 비해 덜 분명한 측면이 많다. 이를테면 시간 약속에서도 항상 '코리언 타임'이 등장하고, 법규나 질서도 대충대충 지키려는 속성이 강하다. 만약 한국의 문화가 '칼 문화'였다면 한국인들도 일본인들 못지않게 매사에 분명하고 철저했을 것이라고 생각된다.

또 '붓 문화'를 지향해 온 한국은 여러 가지 측면에서 일본과 다른 문화적 특성을 갖고 있다. 과거 한국 백성들의 언로言路는 일본 백성들에 비해 상당히 개방적이었다. 피지배계층인 백성들의 억울함을 호소할 수 있는 신문고申聞鼓제도, 선비나 대신들이 임금에게 직언을 할 수 있는 상소제도가 체계적으로 보장되어 있었다는 점이 그 대표적인 예다. 게다가 국가경영을 담당할 유능한 인재의 발탁 및 등용을 위한 과거제도, 임금을 체계적으로 보좌하기 위한 환관宦官(일명 내시)제도, 혈통의 체계적 관리를 위한 동성동본 결혼금지제도도 일본의 '칼 문화'와는 확연하게 다른 우리 '붓 문화'의 특성이다.

한편 중국인들이 즐겨 쓰는 칼은 차라리 '도끼'라고 부르는 게 나을 것 같다. 중국인들이 가장 많이 사용하는 칼은, 돼지고기나 닭고기를 토막 내기에 편리하도록 만들어졌다. 그 칼로는 생선의 머리 부분을 내리쳐서 기절시킬 수 있을지 몰라도 생선회를 뜬다는 것은 불가능하다. 무나 배추를 다듬는 것도 어렵다. 도끼 수준의 칼이 시사해 주는 것처럼 중국인들은 시간, 질서, 법규 준수 측면에서 일본인들이나 한국인들을 쫓아올 수 없다. 시간 관념에서는 '코리언 타임' 보다 더 느긋하기 그지없는 '만만디慢慢地'가 주류를 이루고 있으며, 약속이나 법규도 한국인들보다 더 잘 안 지키는 속성이 있다. 관료와 기업인들의 부정부패가 한국보다 더 극심한 현실이 그것을 더 잘 대변해 주지 않는가!

혹자는 한 · 중 · 일 삼국이 같은 유교문화권에 속하기 때문에 문화적인 차이가 거의 없을 것으로 생각할지 모른다. 그러나 같은 유교문화권에 속해 있더라도 주류문화가 붓(이는 교양과 지적 수준의 향상을 도모하는 학문 중시의 사상을 대변하는 말로 이해하면 좋을 것 같다)을 중시하느냐, 칼(이는 육체적인 힘이나 실용적인 능력을 중시하는 사상을 대변하는 말로 이해하면 좋을 것 같다)을 중시하느냐에 따라 국가 및 사회제도, 국민의식 등이 천양지차로 달라질 수 있음을 명확하게 인식할 필요가 있다.

:: 할복에 대한 근거 없는 미화는 이제 그만
::

할복과 관련해서 우리 모두가 깊이 반성해야 할 역사적 사건이 하나있다. 바로 이준 열사에 대한 얘기다. 우리나라 역사 교과서는

1907년 네덜란드의 헤이그에서 열린 제2차 만국평화회의에 참석했던 이준 열사가 일제 침략의 부당성과 국권회복을 호소하다가 할복 자결한 것으로 가르쳐 왔다. 그것으로도 부족했던지, 문화공보부(현 문화체육부)와 국내의 한 영화제작사는 할복이 무슨 대한 남아의 드높은 기상이라도 되는 양, 이준 열사의 할복 장면을 영화로까지 만들면서 엄청나게 떠들어댔다. 초등학교 시절, 필자도 감동의 눈물을 흘리면서 기립박수로 영화 속의 이준 열사에게 존경을 표했던 경험을 갖고 있다. 이제 그런 식의 이상한 교육 및 홍보는 더 이상 하지 말아야 한다.

불행 중 다행으로, 1975년 주한 네덜란드 대사관은 당시의 관련 자료를 근거로 이준 열사의 사망 원인이 할복에 따른 자상刺傷이 아니라 단식에 따른 아사餓死였음을 밝혀냈다. 하마터면 우리는 독립운동에 헌신했던 이준 열사를 일개 조직폭력배나 야쿠자와 같은 부류로 폄훼시킬 뻔 했다. 다시 한 번 사료 찾기와 역사 해석에 치밀하지 못한 우리 자신의 나태함과 무능함에 대해 반성하게 한다.

앞으로 할복을 논하고 흉내 내려는 한국의 사이비 고관대작들에게 경고한다. 이제 그대들은 더 이상 한국의 리더가 아니다. 그러니 할복을 하고 싶거든 떠들지 말고 조용히 현해탄을 건너 일본의 야쿠자나 조직폭력배의 세계로 입문하라. 그리고 거기서 일제의 야쿠자답게 제대로 할복하고 확실하게 죽으라!

▶ '칼'은 전쟁과 정치의 영역을 상징하는 단어다. 일찍이 클라우제비츠는 전쟁을 정치적 행위로 정의한 바 있다. 상대방에게 자신의 의지를 강요하려는 정치적 행위가 전쟁이라는 얘기다. 그런 점에서 '칼'은 공적(公的)세계를 지배하는 원리라고 볼 수 있다.

▶ '칼'은 폭력에 뿌리를 두고 있다. 칼이 칼집에서 잠자고 있을 때, 칼은 아무런 쓸모가 없다. 칼의 본성은 호전성, 파괴성, 잔혹성, 남성다움에 있다. 칼을 휘두를 때, 인간들은 칼이 뿜어대는 증오와 복수심 앞에서 무릎을 꿇는다. 그런 의미에서 칼이 아무리 정의와 선을 표방한다 할지라도 칼의 본성까지 사라지는 것은 아니다.

▶ 또 칼이라고 해서 같은 칼이 아니다. 칼은 크게 검(劍)과 도(刀)로 나눌 수 있는데, 그들 간에는 매우 큰 차이가 있다. 일반적으로 검은 칼날이 양쪽에 있고 직선이며 자루가 짧고 칼집이 있는 칼을 뜻한다. 그에 반해, 도는 칼날이 한쪽에만 있는데다 곡선이며 자루가 길다는 특징이 있다. 도의 경우 처음에는 칼집이 없었지만, 나중에는 소유와 운반의 편리성을 고려하여 칼집을 갖추게 되었다는 게 정설이다.

▶ 우리나라에서도 장군으로 승진하는 사람들에게 대통령이 '삼정도'를 하사한다. 장군들에게 삼정도를 지급하는 이유는, 삼정도가 바로 부하들의 생사여탈권을 상징하는 최고통치자의 권위를 상징하기 때문인 것으로 생각된다. 즉 삼정도를 지급받은 장군이 최고통치자의 권위를 대신해서 행사할 수 있음을 시사한다. '붓 문화'의 세계를 문화적 토양으로 하고 있는 한국에서 '칼 문화'를 상징하는 삼정

도를 주고받는 것이 왠지 모르게 낯설게 느껴지는 것은 비단 나만의 문제일까? 삼정도라는 칼 대신에 최고 통치자의 진정한 리더십이 내재된 '지휘봉'을 주면 어떨까라는 생각을 조용히 해본다.

3장
철새를 얕잡아보지 마라

Korean Leadership

한국인 가운데는 철새를 얕잡아 보는 사람이 적지 않다. 그래서 그런지, 한국인들은 눈앞의 작은 정치적 이익만을 쫓아 당적黨籍 옮기기를 밥 먹듯이 하는 인간들에게 '철새' 라는 닉네임을 붙여준다.

필자는 겨울철만 돌아오면 이따금씩 금강 하구 둑에 나가 망원경으로 여러 종류의 철새 떼를 살펴보며 사람과 자연의 공생共生문제를 생각해 보곤 한다. 그리고 각종 공해와 환경오염으로 신음하고 있는 한국을 잊지 않고 찾아와 수많은 사람들(특히 어린이들)에게 동심의 평화와 위안을 주는 철새들에게 감사하는 마음을 갖고 있다.

동물 가운데는 농경문화를 일궈냈던 사람들처럼 자신의 고유영역을 확보해서 자손 대대로 물려주는 놈들이 있는가 하면, 유목문화를 대변하는 철새처럼 계절의 변화에 따라 최적의 생존조건을 찾아다니며 평생을 떠돌며 사는 녀석들도 있다.

철새들은 왜 안주하는 삶을 살지 않고, 낯선 타관 땅을 떠돌며 살아야 하는 것일까? 혹시 철새들에게도 우리 인간들처럼 역마살이라는 게 있는 것은 아닐까? 아무리 신神의 영역에 속하는 문제라고 하지만, 필자에게는 철새의 방랑자적 삶이 매우 신기하고 궁금하다.

:: 동물의 탁월한 오감에 오금을 못 펴는 인간들 ::

추운 겨울을 나기 위해 멀리 시베리아 캄차카 반도로부터 금강 하구 둑에 이르는 수천 킬로미터를 날아온다는 흰뺨검둥오리, 수만 킬로미터에 이르는 북극과 남극을 오가며 생활한다는 제비갈매기의 얘기는 우리들에게 자연계의 오묘함과 신비함을 던져준다. 지리정보시스템(GIS)이나 인공측위시스템(GPS)과 같은 첨단기술의 도움을 받지 않고서도 어떻게 그 먼 거리를 비행해서 자신의 목적지를 정확하게 찾아갈 수 있단 말인가!

지금까지 조류학자들이 밝혀낸 바에 따르면, 철새들은 태양이나 별자리를 방향지표로 이용하기도 하고 특이한 지형지물과 지구의 자기장, 심지어는 철새 특유의 오감五感(시각, 미각, 청각, 후각, 촉각)까지 총동원해서 길을 찾는다고 한다. 특히 철새를 비롯한 동물들의 뛰어난 오감은 우리 인간들의 가당찮은 오만傲慢에 대해 많은 것을 반성하게 한다.

만물의 영장이라고 자부하는 인간의 오감 능력은 동물들에 비해 형편없이 떨어진다. 가령, 자연계에 존재하는 빛 가운데 인간이 눈으로 볼 수 있는 범위(일명 가시광선)는 5% 정도다. 나머지 95%의 빛은 아무리 시력이 좋은 사람이라도 볼 수 없다. 달빛 하나 없는 깜깜한 밤중에도 사냥감인 쥐, 뱀, 토끼 등을 정확하게 식별해내는 부엉이의 뛰어난 시력은 근시나 원시로 망가져버린 현대인들의 그것과 아예 비교대상이 되지 못한다.

또 소리를 듣는 귀는 어떤가? 소리의 본질은 공기의 진동이고 인간이 소리를 들을 수 있는 경계인 가청음역은 초당 20에서 2만 사이의 진동수를 내는 음파뿐인데, 이는 전체 음파 중에서 1%도 채 안 된다. 병원 복도마다 큼직한 글씨로 써 붙인 '초음파'는 이러한 가청음역을 벗어나는 음파로서 의사들은 그것을 활용해 각종 질병의 원인을 찾아낸다. 그런데 자연계에는 박쥐처럼 초음파의 영역까지 들을 수 있는 동물들이 적지 않게 존재한다.

냄새를 맡는 후각, 혀로 맛을 느끼는 미각, 몸으로 느끼는 촉각의 영역에서도 인간은 동물을 따라갈 수 없다. 까치가 파먹은 홍시나 배가 그렇지 않은 것보다 훨씬 더 맛이 있고, 체취만으로 자신의 새끼 여부를 정확하게 판별해내는 동물들 앞에서 인간은 주눅이 들 수밖에 없다.

KBS-TV에서 방영되고 있는《TV 내무반, 신고합니다!》의 '애인 찾기' 코너를 보면, 실루엣 뒤에서 얘기하고 춤추는 애인조차 제대로 분간하지 못해 그녀들한테 혼쭐나는 젊은 병사들의 모습을 심심찮게 볼 수 있다. 만약 그런 모습을 철새가 보았다면, 그들은 오감이 엉망인 인간들을 매우 불쌍하게 여겼을 것이다.

그런데 철새들은 이런 발달된 오감을 어디에 활용할까? 그들은 자신의 오감을 다른 철새들을 괴롭히거나 자연 생태계를 파괴하는 데 이용하지 않는다. 오로지 자연의 질서에 순응하면서 '머무를 때와 떠날 때'를 알아내는데 활용할 뿐이다. 늦가을에 날아와 추운 겨울을 보낸 철새는 이듬해 봄철이 다가오면, 자신들의 오감을 이용해 다른 곳으로 떠날 시기를 저울질하며 장거리 비행에 필요한 에너지를 보충하는데 전념한다. 그리고 떠날 시간이 되었다고 판단되면, 아무런 미련 없이 훌쩍 떠난다.

:: 철새만큼만 처신해도 당신은 이미 훌륭한 리더 ::

그렇게 떠나는 철새를 보면, 필자는《도덕경》에서 읽은 '공수신퇴천지도功遂身退天地道(공을 세웠으면 그 자리에서 물러나는 게 자연의 도리이다)'라는 글귀가 생각난다. 우리들에게 '공수신퇴천지도'를 실천한 리더가 있었는가? 현대사의 박정희가 그랬는가, 아니면 김

종필이 그랬는가? 세상사의 이치를 어기고 만용을 부렸던 박정희는 충견을 자처한 부하 김재규의 총탄에 불귀의 객이 된지 이미 오래다. 또 어설픈 '필사즉생'의 논리로 국회의원 10선 고지를 넘보던 JP는 유권자들의 반대에 떠밀려 날개 빠진 수컷 공작새 몰골로 정계은퇴를 강요당하고 말았다.

그 반면, 이순신 장군은 임진왜란에서 23전 23승의 불패 신화를 남긴 후, 장렬한 전사를 통해 역사의 전면에서 뒷면으로 물러났기 때문에 조선을 구한 성웅의 반열에 오를 수 있었다. 또 히딩크가 한국인들의 끝없는 찬사와 애정을 토대로, 국내 모 생명보험회사의 CF 광고에서 '하늘만큼 땅만큼'이라는 멘트 하나로 거액의 출연료를 챙길 수 있었던 것도 그가 월드컵 4강 신화를 창조한 다음, 월드컵 대표팀 감독직을 미련 없이 벗어던졌기 때문이다. 이런 것을 보면, 참다운 리더는 '머무를 때와 떠날 때'를 정확하게 파악하고, 그것을 확실하게 실천하는 사람임을 다시 한번 확인하게 된다.

몇 년 전, 정치인들 사이에서 '지는 해'에 대한 논란이 화제가 된 적이 있었다. 지금은 역사의 뒤안길로 사라져간 자유민주연합의 이인제 의원이 JP(당시 자민련 명예총재)를 '지는 해'에 빗댔던 모양이다. 그런데 2001년 1월9일에 있었던 기자간담회에서 어느 기자가 JP에게 이인제 의원의 발언에 대한 소회所懷를 묻자, 그는 이렇게 대답했다고 한다.

"이인제 의원이 말한 '지는 해'가 그리 틀린 말은 아니지. 내 나이 일흔을 넘겼으니 이제 저물어가는 사람이 아닌가. 다만, 마무리 지을 때 황혼을 한번 벌겋게 물들여서 그렇게 매듭을 지어봤으면 하는 거야."

노름판보다도 더 지저분한 정치판에서 산전수전을 다 겪은 백전 노장의 말씀치고는 품격이 전혀 느껴지질 않는다. "세상이 두 쪽 나는 한이 있더라도 그냥 이대로는 죽지 않겠다."는 강한 아집과 독선만이 노망처럼 비쳐졌을 뿐이다.

하늘나라에서 영면하고 계실 서산대사께서 JP의 말을 들었다면 뭐라고 말씀하셨을까? 아마 그 어른께서는 "눈 덮인 들판을 걸어갈 때, 발걸음 하나라도 어지럽히지 마라. 오늘 내가 가는 이 길이 뒷 사람의 이정표가 될 것이기에……"라는 말씀으로 JP의 오만방자함 을 엄히 꾸짖었을 것이다.

또한 철새들이 JP의 말을 들었다면, 그들은 어떻게 대답했을까? 모르긴 해도 "JP님! 황혼이 벌겋게 물드는 것은, 태양이 자연의 섭 리에 순응하며 아름다운 퇴장을 하기 때문입니다. 만일 자연이 심 술을 부려 구름이나 비바람으로 하늘을 덮어버리면 아무리 힘센 태 양이더라도 붉게 물든 황혼녘을 만들지 못합니다. 그런데도 당신은 무엇을 믿기에 자연의 섭리를 그리도 당당하게 거스르려고 하십니 까? 원컨대, 후대 사가史家들에게 조금이라도 괜찮은 평가를 받고 싶거든 하루빨리 정치판에서 깨끗하게 은퇴하십시오. 그것만이 무 능한 당신에게 평생 동안 호의호식을 보장해준 국가와 동포들에 대한 최소한의 예의올시다."라고 말할 것이 분명하다.

　그동안 우리들은 '머무를 때와 떠날 때'를 정확히 알면서 진퇴를 분명히 했던 철새의 고고한 품성을 망각한 채, 그들을 한낱 '뜨내기 철새'로 착각하는 실수를 저질러 왔다. 특히 철새 가운데 기러기란 녀석은 한번 짝을 정하면 절대로 짝을 바꾸지 않는다고 한다. 불의의 사고로 짝을 잃었을 경우에도 다시 짝을 구하지 않고 홀로 살다가 죽는다고 한다. 이혼이 범람하고, 배신과 이합집산이 난무하는 인간세상에서 기러기의 존재는 우리들로 하여금 많은 것을 반성하게 한다. 그런 의미에서 이제부터는 자신의 정치적 이익을 쫓아 이당 저당을 기웃거리는 삼류 정치인들과 단아한 철새를 동일시하는 어리석음이 더 이상 되풀이되지 않기를 기대해본다.

▶ 《논어》를 보면 '지족불욕 지지불태^{知足不辱 知止不殆}' 라는 글귀가 나온다. 이는 '족함을 알면 수치를 겪지 않고, 그침을 알면 위급함을 겪지 않는다' 는 말이다. 특히 이 말은 《도덕경》의 저자인 노자가 주창한 처세 철학의 핵심으로 일명, '지족의 교훈' 으로 널리 알려져 있다.

▶ '적당한 때가 되면 스스로 물러날 줄 알고, 자신의 이익을 추구할 때는 다른 사람에 대해서도 배려할 줄 아는 자세로 세상을 살아가야만 수치를 경험하지 않을 것' 이라는 노자의 얘기는 아무리 강조해도 지나치지 않을 것 같다. '지족의 교훈' 을 정확하게 이해하고 실천할 수 있는 자세만 갖췄다면, 그 사람은 이미 리더로서 절반의 성공을 거둔 셈이다.

4장

명성황후의 분노와 황우석 박사

우리나라가 미셸 깡드쉬를 경제 사령관으로 하는 외환위기의 서울 주둔을 기정사실화했던 1998년 초의 일이다. 그 당시 필자는 친구들과 함께 서울에서 신년모임을 갖고 있었다. 거기서 여러 명의 친구들은 농담 반 진담 반으로 "한국의 외환위기는 경제학자들의 무능 때문이다."라며 필자를 거세게 몰아세웠다. 딱히 도망갈 구멍을 찾지 못했던 필자는 술잔 앞에서 친구들의 호된 질책을 온몸으로 감내할 수밖에 없었다.

그런데 국내 굴지의 모 방송사에서 다큐멘터리 프로제작을 지휘하고 있던 동기생 김 PD가 "왜 경제학자들에게 책임을 묻는 거야! 그들이 현실경제에 대해 뭘 아는 게 있다고?"라고 비꼬면서 "외환위기는 1895년 10월8일 일본의 낭인들에 의해 살해된 명성왕후의 분노와 저주 때문에 일어난 거야!"라는 주장을 펼쳤다. 그러자 언론계에서 필명을 날리고 있는 L기자가 "나도 언론계의 대선배로부터 그와 비슷한 얘기를 들었다."면서 김 PD의 말에 힘을 실어 주었다.

:: 명성왕후가 외환위기의 주모자
::

경제학을 전공하고 그것을 이용해서 밥을 빌어먹고 있는 필자로서는 친구들의 뼈 있는 질책에 참담한 심정을 가눌 수 없었다. 그러나 김 PD가 얘기한 '명성황후의 분노와 외환위기'의 상관관계에 대해서는 좀더 알아보고 싶었다. 다음은 김 PD가 전언(傳言)을 전제로 친구들에게 들려준 얘기를 필자의 버전으로 종합해서 여기에 소개해 볼까 한다.

고집이 세기로 유명한 시아버지 대원군과 우유부단한 남편인 고종 사이에서 뛰어난 지모(智謀)로 수없이 많은 정치적 결단을 내렸던 명성황후는 일제의 낭인들에 의해 무참하게 살해된 후, 하늘나라에 올라가서 옥황상제를 만났다. 그 자리에서 명성황후는 옥황상제에게 "저는 힘없는 나라의 국모(國母)였던 죄로 억울하게 죽을 수밖에 없었다."고 말하면서 자신의 간절한 소원을 들어줄 것을 청했다. 명성황후에 대해 연민의 정을 갖고 있던 옥황상제께서는 "네 소원을 들어주겠다. 그런데 네 소원은 정확히 90년이 되던 해에 이루어질 것이다."라고 대답했다.

오랫동안 불면의 밤을 보내며 장고長考를 거듭한 명성황후는 옥황상제에게 이렇게 말했다. "다음 1세기 후에는 과학기술이 세계의 패권을 좌우하는 시대가 될 것입니다. 저는 대한민국이 세계에서 가장 힘 있는 국가가 되는 것을 지켜보고 싶습니다. 그러니 제가 천거하는 세계적인 과학자를 5명만 제 육신이 묻혀있는 고국 땅으로 파견해 주십시오."라고 말이다.

그런 다음 명성황후는 만유인력의 법칙을 발견한 아이작 뉴턴, 발명왕 토머스 에디슨, 상대성이론의 창시자인 앨버트 아인슈타인, 지동설을 주장한 갈릴레오 갈릴레이, 세계 최초로 방사성 물질을 분리해냈던 여성 과학자 마리 퀴리를 그 대상자로 지목했다. 옥황상제 또한 명성황후의 제안에 기꺼이 동의했다. 이렇게 엄선된 5명의 세계적인 과학자들이 명성황후가 죽은 지, 90년째가 되던 1986년 1월에 대한민국 땅을 밟게 되었다. 그런데 안타깝게도 갈릴레이는 옥황상제의 작은 실수로 비무장지대(DMZ) 내 북방한계선에 잘못 떨어지는 바람에 북한 당국에게 인도되었다. 그로부터 10년이라는 세월이 조용하게 흘러갔다.

1997년 1월, 명성황후는 자신이 대한민국에 파견한 세계적인 과학자들이 과학발전에 어떤 기여를 하고 있는지 궁금했다. 명성황후는 저승사자들이 특별히 고안해서 만들어준 전자 망원경으로 지구 전체와 지구 속의 작은 나라 대한민국을 샅샅이 살펴보기 시작했다.

그런데 이게 웬일!

최첨단 실험실에서 만유인력의 법칙을 업그레이드 시키기 위해 최선을 다하고 있어야 할 뉴턴이 고등학교 물리 과목을 가르치고 있는 게 아닌가? 명성황후는 그 이유를 뉴턴에게 물어보았다. 그러자 뉴턴 왈, "제가 대한민국의 대입 수학능력시험에는 성공했지만 대학원 시험에는 그만 낙방하고 말았습니다. 제가 대학원에 진학할 경우, 자신의 신분에 불안을 느낀 지도교수가 대학원 면접시험에서 고의로 낙제점수를 주었기 때문입니다. 그래서 저는 과학자의 꿈을 접고 고등학교 학생들에게 재미있는 물리를 가르쳐주기 위해 과학교사가 되기로 결심 했습니다."라고 말하는 것이었다.

명성황후는 발명에 천부적인 소질이 있는 에디슨이 무엇을 하고 있는지 찾아보기로 했다. 그리고 신림동 고시촌의 허름한 하숙집에서 육법전서와 씨름하고 있는 에디슨을 발견했다. 명성황후가 에디슨에게 "왜 하라는 발명은 하지 않고 육법전서만 끼고 있느냐?"고 질책하자, 에디슨은 화를 벌컥 내며 "제가 숱한 발명을 했음에도 불구하고 대한민국 사회에서는 끗발이 없으면 밥 먹고살기가 어렵다는 사실을 절감했기 때문입니다."라고 말했다. 명성황후도 에디슨의 이유 있는 항변을 듣고 끓어오르는 분노를 삭일 수 없었다.

화가 머리끝까지 치밀어 오른 명성황후는 아인슈타인의 행방을 알아보기로 했다. 그런데 채 5분도 지나지 않아 중국집 배달부로 철가방을 들고 다니는 아인슈타인을 발견할 수 있었다. 기가 막힌 명성황후가 아인슈타인에게 "이게 어찌된 영문이냐?"라고 물어보았다. 그러자 아인슈타인은 아주 겸연쩍은 얼굴로 "명성황후님! 아시다시피 저는 수학, 물리, 화학, 생물, 지구과학에는 일가견이 있지만 나머지 과목은 형편없잖아요? 그런데 대한민국에서는 전 교과목을 골고루 잘해야 좋은 대학에 갈 수 있거든요. 제가 받은 대입수학능력 시험점수로는 전문대학도 들어갈 수 없었어요. 대학을 나오지 않으면 아무 것도 할 수 없는 대한민국에서 가장 손쉽게 할 수 있는 일이 중국집 배달부거든요. 그리고 잘 만하면 '번개'라는 이미지로 스타급 강사로 변신한 설성반점(서울 안암동 고려대학교 후문에 위치한 있는 중국집 이름) 배달부 출신의 조태훈 사장(지금 그는 일산에서 번개반점의 사장으로 변신해 있다)처럼 뜰 수도 있고요. 그 말을 듣고 명성황후는 한동안 할 말을 잃었다.

명성황후는 북한 정부에게 갈릴레이의 근황을 물어보았다. 그러자 북한 정부는 "현재 갈릴레이는 아오지 탄광에서 두뇌개조작업을 하고 있는 중이다."는 짤막한 답변만 보내왔다. 그것을 이상하게 여긴 명성황후가 북한 정부에 "왜 하필 아오지 탄광이냐?"라고 묻자, 그쪽의 책임자가 나서서 말하기를 "누구든 일단 북한 땅에 들어왔으면 당연히 위대한 지도자 김일성 주석과 김정일 장군님을 위대한 태양으로 떠받들어야 하는데, 즉 태양설太陽說을 신봉해야 하는데 겁도 없이 지동설地動說을 주장했으니 갈릴레이야말로 사상개조와 두뇌개조가 필요한 사람이다."라고 말하는 것이 아닌가.

실망을 거듭한 명성황후는 자신과 동성同姓이며, 여성들의 마지막 희망인 퀴리를 찾아보기로 했다. 그런데 흰 가운을 입고 대학연구실을 지키고 있어야 할 퀴리가 발견된 곳은, 수출용 완구를 조립하는 공장의 한쪽 구석이었다. 명성황후는 퀴리에게 "어째서 내 히든카드인 너마저 이처럼 누추한 공장에서 여공女工으로 일할 수 있느냐!"며 다그쳤다. 그러자 퀴리는 울먹이면서 "명성황후님! 사실 저는 위대한 여성 과학자가 되기 위해 최선을 다했거든요. 그런데 대한민국에서는 얼굴이 예쁘지 않으면 취직할 수가 없더라고요. 대학이나 연구소, 심지어는 평범한 직장에서조차 미모가 실력보다 훨씬 더 중요하다는 사실을 절감했습니다. 그렇다고 성형수술을 할만한 돈도 저에게는 없고요."라고 말하는 것이었다.

자신이 오랫동안 고민해서 천거한 세계적인 과학 천재들의 힘든 삶을 살펴본 명성황후는 자신의 조국인 대한민국이 갑자기 싫어졌다. "내가 어떻게 해서 내려 보낸 천재들인데, 내 후손인 네놈들이 그들을 이렇게 방치할 수 있단 말이냐! 이 고얀 놈들 같으니라고!"라고 탄식하던 명성황후가 마침내 중대 결심을 하게 된다. 그것은 세상 물정을 모르고 과거의 실수를 되풀이하고 있는 대한민국을 징벌해 달라고 옥황상제에게 주청했던 것이다.

결국 옥황상제는 명성황후의 간청을 받아들여 1997년 12월3일 고요한 아침을 기해 대한민국 상공에 가공할 만한 '원저폭탄(미 달러에 대한 원화 가치의 하락을 의미하는 것으로 필자가 외부강연에서 즐겨 사용하는 용어)'을 연속적으로 발사했다. 결과는 너무나도 비참했다. 한동안 잘 나갔던 대한민국의 멀쩡한 화이트 컬러(White Color)들과 중산층으로 자부했던 가정들이 하루아침에 풍비박산이 나면서 외환위기 군대의 서울 주둔이 시작된 것이다.

물론 킴 PD의 말은 창의력이 뛰어난 어떤 사람이 꾸며낸 픽션에 불과하다. 그렇지만 명성황후와 5인의 과학자에 얽힌 얘기는 현재 우리 사회가 안고 있는 앞서가는 사람 끌어내리기, 과학기술자 경시 풍조, 교육의 하향 평준화 문제, 끼리끼리의 횡포, 배타주의 등의 제반 문제를 예리하게 파헤치고 있다.

지식정보화 시대의 국가경쟁력은 체력이 아닌 지력知力이나 뇌력腦力에 의해 결정된다. 또 한국 경제가 갈망하는 제2 한강의 기적은 강의 주변(세계의 4대 문명은 모두 다 강가에서 비롯되었다)이 아니라 대한민국을 이끄는 1% 천재들의 창의적인 머리 속에서 시작될 것이다.

특정분야의 전문성보다는 전 교과목을 골고루 잘해야 명문대학에 갈 수 있는 사회와 그런 사회에서 배출된 인재들은 앞으로 세계의 문명사를 선도할 수 없다. 또 인재의 활용에 있어서 전문가를 불신하는 나라, 경쟁과 능력에 따른 차등대우를 죄악시하고 함께 못 사는 세상을 추구하는 헛똑똑이들의 시대착오적인 열정이 약발을 받는 사회는 더 이상 희망이 없는 사회다. 그러한 인재관人才觀과 세계관을 갖고 있는 리더들 역시 백제의 의자왕, 대한제국의 고종 임금, 문민정부의 YS처럼 국가와 국민조차 제대로 건사할 수 없는 무능한 사람들이다.

:: '21세기형 기업'의 의미와 인재의 네 가지 유형 ::

기업이란 단어를 생각해 보자. 경제학이나 경영학에서는 기업을 '이윤추구를 목표로 생산요소를 고용해서 재화와 서비스를 생산하고 그것을 판매하는 조직체'라고 정의한다. 그런데 이러한 정의는 1970~1980년대의 산업화 사회에서나 통용될 수 있는 낡아빠진 개념에 불과하다.

지식정보화 시대의 기업은 '창의적 인재들이 머물면서 남들과 분명하게 차별될 수 있는 핵심역량(필자는 이것을 업이라고 정의한다)을 끊임없이 창출해내는 조직'을 말한다. '사람 인人＋머물 지止＋널빤지 업業'으로 구성된 '기업企業'의 한자식 표현이 그것을 시사해준다. 그런 의미에서 다른 기업이 개발해 크게 히트시킨 아이템을 무단복제 함으로써 자신과 선의의 경쟁기업을 공멸시키는 기업은 더 이상 기업企業이 아니라 자기 고유의 업을 포기한 기업棄業이라고 보아야 옳다.

또 인재에도 네 가지 유형의 인재가 존재한다. '인재형人災型 인재', '인재형人在型 인재', '인재형人材型 인재', '인재형人財型 인재'가 그것이다. 인재형人災型 인재는 말 그대로 자신이 속한 조직에 온갖 민폐만 끼치는 사람을 의미한다. 그러한 인재가 많은 조직은 필연적으로 붕괴될 수밖에 없다.

'인재형人在型 인재'는 제대로 하는 일도 없이 조직의 밥만 축내는 사람들을 지칭한다. 특히 이런 유형의 인재는 윗사람의 눈치만 살피며 그들의 비위를 맞추는데 일가견을 갖고 있다. 따라서 그들의 눈은 항상 직속 상관에게만 고정되어 있으며, 날마다 손바닥을 비벼대는 삶을 살다보니 이미 그들의 손금은 지문채취가 불가능할 정도로 망가져버렸다.

'인재형人材型 인재'는 우수한 학벌만을 무기로 세상을 살아가는 구시대적인 인물들을 말한다. 암기력과 분석력이 뛰어난 이들 인재형人材型 인재는 '소품종 대량생산'의 경제 이데올로기가 맹위를 떨쳤던 산업화시대의 고도 경제성장을 이끌었던 주역들이다. 그러나 지식정보화 사회는 그런 유형의 인재를 더 이상 필요로 하지 않는다. 왜냐하면 그들에게는 '창의성'이나 '도전정신'이 결여되어 있기 때문이다. 따라서 그들 인재의 대부분은 자신들이 잘 나갔던 산업화시대를 그리워하며 시대의 변화에 비판적인 삶을 고집한다. 그러면서 "나도 왕년에는 누구보다도 화려했었지. 조만간 내게도 옛날과 같은 호시절이 돌아올 거야. 어떻게든 그때까지 참아보자!"라는 다부진 꿈을 꾸지만, 그것이 성사될 가능성은 거의 제로에 가깝다.

한편, 지식정보화 시대에 국민의 생존권과 국가경쟁력을 책임질 수 있는 진정한 인재는 다름 아닌 인재형人財型 인재들이다. 인재형人財型 인재는 활화산 같은 열정과 도전정신, 그리고 뛰어난 창의력으로 일신우일신을 도모하며 새로운 발상과 아이디어로 국민들의 삶의 질 향상은 물론 한국 상품의 고부가가치와 국산 신기술의 국제경쟁력을 한 단계 업그레이드 시킬 수 있는 고급 두뇌들이다.

필자는 얼마 전까지 환자맞춤형 배아줄기세포에 대한 최첨단 기술의 확보로 세계를 깜짝 놀라게 했던 황우석 박사(이하 황 박사)가 인재형人財型 인재의 전형적인 예라고 생각했다. 그러나 모든 진실이 밝혀진 지금에는 그에 대한 연민과 안타까운 생각만이 들뿐이다. 소小영웅주의와 천문학적 숫자의 연구비 확보라는 천박한 블랙홀에 빠져 과학자로서의 소명의식과 순수성을 내팽개친 채, 부질없는 인기와 명예만을 추구하다 심연의 나락으로 추락한 황 박사의 잘못은 과학계에서 결코 용서받기 힘들다. 그러나 필자는 황 박사의 연구과정이나 연구결과에 대해 보다 철저하게 검점하고 관리하는데 실패했던 우리 정부의 허술한 연구관리 시스템에 더 큰 문제가 있다고 생각한다.

:: 나사 풀린 한국 사회
::

이 지구상에서 한국처럼 '빨리빨리'의 이데올로기가 잘 통하는 사회를 찾아보기 힘들다. 황 박사가 국민적 영웅으로 부각된 것도 한순간이었고, 하늘 높은 줄 몰랐던 그의 명예와 인기가 땅으로 곤두박질 친 것도 한순간이었다. 연구결과에 대한 체계적인 검증 없이 수백억 원의 연구비를 알아서 지급해줄 정도로 나사 풀린 나라도 한국이었고, 과학에 문외한인 전 국민들을 준準과학자 수준으로 격상시킨 나라도 다름 아닌 대한민국이었다.

자고로, 과학자는 입이 아니라 논문으로 모든 과학적 진리를 말해야 하고 논문으로 모든 사회적 책임을 짊어져야 한다. 그런데 우리 사회는 과학을 잘 모르는 일반인들이 과학자에게 "당신의 연구결과를 입증하라."고 윽박질렀다. 과학자가 얘기를 해준들, 전문적인 지식을 일반인들이 어떻게 이해할 것이며, 또 그 과정에서 철저히 비밀에 부쳐야 할 핵심지식이 유출될 경우, 그 책임은 누가 질 것인가? 황 박사에게 이렇다 할 원천기술이 없었기에 망정이지, 만약 그것이 있었더라면 그 기술은 전 세계의 과학자들에게 손쉽게 유출되었을 것이 확실하다.

이는 분명 바람직한 현상이 아니다. 그러나 일이 이렇게 된 데는 황 박사의 쇼맨십에 일단의 책임이 있다. '과학자는 입이 아니라 논문으로 모든 과학적 진리를 말해야 한다.' 는 과학계의 불문율을 황 박사 자신이 짓밟아버린 것이다. 그동안 황 박사는 일간지, 잡지, 방송매체, 각종 기념행사 등에 주요 게스트로 참석해서 불필요한 얘기들을 너무 많이 쏟아냈다. 그러다보니 연구결과보다 말이 앞서가는 사태가 벌어졌고, 급기야 "저 사람, 진짜 과학자 맞아? 약장수처럼 자신의 연구를 너무 부풀리는 것 같은데?"라는 의혹과 비판에 직면하고 말았다.

만약 황 박사가 언론과 사회여론의 이중성을 철저하게 인식하고, '과학자는 오로지 과학적 방법으로만 자신을 검증할 뿐이다'라는 순수한 과학자의 자세를 견지했다면 오늘과 같은 비극적인 상황을 초래하지 않았을 것이다.

:: 새로운 실패학의 정립이 절실하게 필요한 한국 사회 ::

지금 천상天上의 명성황후께서는 우리들을 어떻게 내려다보고 있을지? 부끄럽기 그지없다. 틈만 나면 본질을 벗어난 문제로 분열과 갈등을 조장하며, 한동안 신나게 싸우다가 일정한 시간이 흐르면 모두 다 잊고 마는 우리 후손들을 징벌하기 위해서 1997년 12월3일 날 아침처럼 한국의 상공에다 대규모의 '원저폭탄'을 투하하지는 않을지? 자못 걱정스럽기 그지없다. 원저폭탄이 투하되면, 그에 따른 가장 큰 피해자는 힘없고 가난한 우리 이웃들이다.

우리의 정치 리더들 또한 '명성황후의 분노'와 같은 픽션이 세인들에게 회자되지 않도록 훌륭한 리더십을 발휘해 주었으면 한다. 필자는 황 박사 밑에서 난자 핵을 제거하는 손끝 기술을 가진 연구원들의 보수가 석사급은 월 40만 원, 박사급은 월 70만 원이었다는 사실 앞에 더 이상 할 말이 없었다. 사는 게 힘들고 고달프면, 과학 자로서의 순수성을 유지하기도 힘들고, 돈의 유혹으로부터 벗어나기 힘든 게 우리 인간들의 한계다. 오죽했으면 맹자께서 '무항산인무항심無恒産 因無恒心(생활을 영위하는데 필요한 만큼의 안정적인 수입, 즉 항산이 없으면 어떤 곤란한 처지에서도 나쁜 길로 빠지지 않는 부동심, 즉 항심이 생겨날 수 없다는 의미)이라는 얘기를 했을까? 이제 와서 그 의미를 분명하게 이해할 수 있을 것 같다.

그런 의미에서 청와대의 '리플 달기'도 이제 좀 그만했으면 좋겠다. 대통령과 그 주변 사람(세인들은 이런 부류의 인간을 아첨꾼이라고 말함)들의 언행이 가벼운 나라는 불행한 나라다. 리플을 달 정도로 한가하면, 차라리 그 시간에 연구원들의 사기진작책에 대해 고민하든지, 아니면 한 권의 과학 관련 책이라도 더 읽었으면 한다. 왜냐 하면 지식정보화 사회의 리더(Leader)는 적어도 리더(Reader)가 되어야 하기에.

또한 정치 리더들 스스로 디지털 사회에 적합한 인재형人財型 인재의 양성과 어제의 실패를 내일의 성공으로 전환시킬 수 있는 실패학失敗學(도쿄대 명예교수인 하타무라 요타로 박사가 이 분야의 세계적인 권위자다. 그런데 우리나라는 실패학의 황무지다. 그러니까 날마다 같은 실패가 되풀이될 수밖에 없다)의 정립에 많은 관심을 가져주었으면 한다. 그리고 국익 차원에서 연구현장을 지키며 미래의 한국을 지켜줄 선량한 과학자들과 그들이 심혈을 기울여 개발해 놓은 기술을 제대로 보호할 수 있는 제도적 장치 마련에 최선을 다하는 모습을 보여주었으면 한다.

그래도 우리가 믿을 수 있는 유일한 힘의 원천은 불 꺼지지 않는 연구실과 실험실에서 열심히 일하는 과학자들이다. 황 박사의 잘못으로 인해 연구현장에서 수고하는 과학자들의 사기저하나 불신풍조가 심화되어서는 정말로 곤란하다. 오늘을 살아가는 정치 리더들이 이와 같은 문제 해결을 위해서 상생의 정치로 난국을 슬기롭게 해결해 나가는 모습을 먼 객석에서나마 지켜보고 싶다.

▶ 《논어》를 보면 '소인지과야필문小人之過也必文' 이라는 글귀가 나온다. 여기서 '문文' 은 겉모습을 그럴듯하게 포장하는 것을 말하며, '소인지과야필문' 은 결국 '소인은 자신의 과오를 반드시 숨기려고 한다' 는 의미다. 물론 자신의 과오나 실수를 가능한 한 감추려고 하는 게 인지상정이다. 그 점에 관한 한, 필자도 예외가 아니다. 다만, 리더라면 일반인들과는 분명하게 달라야한다는 점을 강조하고 싶을 뿐이다.

▶ 과오나 실패를 은폐할 경우, 제기될 수 있는 문제는 크게 3가지다. 첫째, 과오나 실패의 원인에 대한 진지한 반성이나 규명작업이 이루어지지 않기 때문에 같은 실수가 반복될 가능성이 크다. 둘째, 부하 직원이 자신의 과오나 실패를 은폐시킨 후, 거짓 보고를 할 경우 리더의 의사결정에 부정적인 영향을 끼칠 수 있다. 셋째, 조직구성원 간에 과오나 실패에 대한 정보공유를 통해 얻을 수 있는 학습효과가 송두리째 사라지는 바람에 조직이나 개인의 발전기회가 송두리째 사라진다는 점이다.

▶ 그런 의미에서 회전의자의 주인이 되려면 최소한 하루에 한번 정도는 자신을 되돌아보는 시간을 가지며, 자신의 과오나 실패에 대해 진지하게 사색하고 고백할 수 있는 용기를 가져야 한다. 자고로, 정직한 리더에게는 많은 사람들이 모이게 마련이고, 그런 리더가 자신의 과오나 실패를 깨끗하게 인정할 경우, 조직구성원들 또한 진솔한 마음으로 리더의 실수나 잘못을 기꺼이 용서해준다는 점을 잊지 말아야 한다.

4부

풀뿌리
리더와 리더십

KOREAN LEADERSHIP

1장

바보들은 항상 남의 탓만 한다
Korean Leadership

과거 부모님이 살던 시골본가의 뜰에는 아주 오래된 은행나무가 한 그루 서 있었다. 그 나무에는 위, 아래로 터를 잡은 2개의 까치집에서 4마리의 까치들이 함께 생활하고 있었다. 그런데 한 가지 흥미로웠던 것은, 이들 까치가 1주일에 한 번꼴로 본가를 찾는 필자 가족들을 정확하게 알아본다는 사실이었다. 까치들은 낯선 사람이 시골본가에 접근하면 한동안 야단법석을 떨다가도, 필자 가족이 접근하면 마치 소가 닭을 보듯이 물끄러미 지켜만 볼 뿐이었다.

이것을 신기하게 여긴 필자는 평소 가깝게 지내는 같은 대학 생물학과 J교수님께 그 이유를 여쭤보았다. 그러자 J교수님은 "까치는 매우 영리한 새입니다. 그들은 자신의 뛰어난 오감을 이용해서 누가 집주인이고, 누가 낯선 사람인지를 곧바로 파악하지요. 옛말에 '까치가 울면 반가운 손님이 온다'고 했는데, 거기서 반가운 손님이란 다름 아닌 낯선 사람을 의미한다고 보면 될 겁니다."라고 말씀하셨다.

:: 철새를 조류독감의 원흉으로 몰지 마라
::

필자는 J교수님의 말씀을 듣고, 철새도 까치와 비슷할 것이라는 생각이 들었다. 두 녀석들이 모두 조류에 속하기 때문이다. 그런데 지난번 조류독감이 한창일 때, 농림수산부의 고위당국자가 국민들에게 "조류독감의 원인은 철새일 가능성이 높다."고 말하는 것을 보고 그 내용에 대해 의구심을 품었던 적이 있다.

적어도 J교수님의 지적대로 철새의 오감능력이 탁월하다면, 그들이 조류독감을 비롯한 질병에 걸릴 확률은 그리 높지 않다고 본다. 그보다는 오히려 이윤추구에만 열을 올리는 대규모 양계장(오리 사육장도 마찬가지다)의 열악한 환경과 닭들로 하여금 '식계종食鷄種'이 되도록 강요하는 사료조달시스템이 조류독감(광우병도 이와 유사하다)의 가장 큰 원인이라고 생각한다.

일례로, 주변의 양계장을 방문하면 그 실상을 보다 더 정확하게 알 수 있다. 양계장은 마치 벌집통처럼 가로 세로 각각 40~50센티미터쯤 되는 비좁은 닭장으로 구성되어 있으며, 그 속에는 닭들이 독방의 수인처럼 한 마리씩 갇힌 채 사육되고 있다. 그리고 천장에는 밝은 빛을 뿜어대는 형광등이 24시간 동안 켜져 있다. 옴쭉달싹도 할 수 없는 협소한 공간에 수감된 닭들은 운동은커녕, 거동조차 마음대로 할 수 없고 멋있는 수탉과 사랑을 나누면서 생명체를 가진 유정란을 만들 수도 없다. 또 통풍도 제대로 안되는 상황에서, 뜨거운 열기까지 밤낮없이 뿜어대는 천장의 형광등 불빛은 닭들이 잠을 자며 편안하게 휴식을 취할 여유마저 잔인하게 빼앗고 있다.

더욱 심각한 문제는 닭장에 갇힌 닭들은 자유롭게 오감을 작동시키면서 자기가 먹고 싶은 것을 마음대로 찾아먹을 수 있는 기회를 박탈당한 채, 양계장 주인에 의해 일방적으로 주어지는 사료만을 먹을 수밖에 없다는 점이다. 그런데 닭들이 먹는 동물성 사료에는 각종 호르몬제와 항생제는 물론 동족의 살점과 뼛가루까지 들어 있다.

우리 주위에는 사료비를 절약할 목적으로 군부대 식당, 대학 구내식당 등의 대규모 식당에서 나오는 잔반殘飯을 가축용 사료로 활용하는 분들이 적지 않다. 그런데 잔반 속에는 사람들이 먹다 버린 닭고기의 일부와 닭뼈가 들어 있음을 자주 볼 수 있다. 사료비를 아껴서 한 푼이라도 더 많은 이윤을 올리려는 양계장 주인과 음식물 쓰레기를 손쉽게 처리하려는 식당주인들의 이해관계가 딱 맞아 떨어지는 상황에서, 닭들은 자기 동족의 살점과 뼛가루를 먹는 식인종, 아니 식계종으로 전락하지 않을 수 없다. 이런 측면이 조류독감을 발생시키는 결정적인 위험요소인 듯하다. 이에 대한 하나의 근거를 소개해 보고자 한다.

1995년 영국의 에든버러 크로이츠펠트 – 야코프병(이하 CJD병) 연구 병동에서 희생자가 발생한 이래, 광우병에 대한 공포가 전 세계를 휩쓸고 있다. 광우병에 걸린 소나 CJD병에 걸린 사람의 뇌를 해부해 보면, 뇌세포가 여기저기 파괴되어 공동空洞이 보이는 공통점이 있다. 의료기록을 보면 이런 병이 이미 1950년대 인도네시아의 수마트라 섬에서도 있었다. 과거 수마트라 섬에는 식인종이 있었고, 그 결과가 시간이 흐르면서 CJD병으로 나타났다는 것이 학계의 주장이다.

생물은 자기종족을 먹이로 할 수 없도록 되어 있는 것이 자연의 존재양식이다. 그러나 일부 목축업자들은 소의 발육을 촉진시키기 위한 과욕에서 도축장에서 남은 쇠고기와 뼈를 갈아 사료에 섞어 소에게 먹였다. 자연의 순리를 거역한 인간의 과욕이 소에게는 광우병을, 그 고기를 먹은 인간이나 고양이에게는 CJD병을 안겨준 것이 아닐까? 인간의 과욕이 파멸로 이어지는 경우는 자연 생태계뿐만 아니라 인간사회에도 많다.

– 윤석철,《경영 · 경제 · 인생 강좌 45편》중에서

자고로, 질병을 일으키는 메커니즘은 인간이나 동물이나 똑같다. 제철에 나는 싱싱한 음식물을 먹고, 충분한 운동과 휴식으로 스트

레스를 이겨내며, 몸속의 온갖 노폐물을 그때그때 잘 배출시키는 사람이나 동물은 건강하기 마련이다. 그런데 양계장의 닭장에 수감되어 있는 닭(오리 사육장에 갇혀 있는 오리의 운명도 닭과 똑같다)들은 이런 것들이 일체 허용되지 않는다.

:: 만약 인간이 닭처럼 사육된다면?
   ::

만약 우리 인간이 양계장의 닭처럼 사육된다면, 아마 일주일도 못 가서 모두 다 정신병자가 될 것이다. 비록 지력知力이 부족하고 말도 못하는 닭이지만, 그들도 동물로서 누려야 할 자유와 권리를 만끽할 때 건강한 삶을 유지할 수 있다. 또 하나님께서 우리 인간들에게 자연을 지배할 권능을 주셨지만, 동물을 잔인하게 학대하며 사육할 권리는 부여해 주지 않았을 것이다.

필자는 조류독감의 사회적 문제를 접하면서, 프랑스의 철학자였던 미셸 푸코(Michel Foucault, 1926~1984)를 생각해본다. 평생 동안 권력과 성(Sex)에 대한 '인간의 광기狂氣' 문제를 고뇌하고 사색했던 푸코의 심오한 사상을 조류독감의 문제에 투영해 보면, 나름대로 적지 않은 시사점을 얻을 수 있다.

정상인과 미친 사람의 차이는, 광고 멘트로 사용되는 2%보다도 훨씬 적은 0.001%라는 게 필자의 생각이다. 이는 우리 인간에게 아주 극소량의 호르몬 변화만 생겨도 우울증이나 정신분열증과 같은 병에 걸릴 수 있기 때문이다. 그런데도 일반인들은 정상인과 미친 사람 사이에 엄청난 차이가 있다고 착각한다. 그것이야말로 정상인들의 뇌에 내재되어 오토매틱으로 작동하고 있는 광기가 아닐 수 없다.

그런 점에서 이윤극대화를 위해 닭에게 유해한 동물성 사료를 먹이고 동물의 기본적 권리까지 박탈하는 축산자본가들의 탐욕은, 인종차별과 영토확장에 광분해 아우슈비츠의 대학살을 자행했던 히틀러의 광기와 궤를 같이 한다고 볼 수 있다.

또 동물성 단백질의 섭취가 필수적이라고 강변하는 국내 영양학계와 의료계 사람들, 자기자식에게 현미밥 대신 양념통닭이나 패스트푸드를 잔뜩 먹인 후 학원으로 내몰고 있는 가정주부들 역시 제정신이 아니기는 마찬가지다. 사회지도층인 리더들도 예외가 아니다. 그들은 조류독감에 대한 기본적인 개념조차 갖고 있지 않다. 그러니까 '조류독감의 원인은 철새'라는 전대미문前代未聞의 엉터리 주장을 할 수 있는 것이다. 어찌 보면 '지금 우리 사회는 모두 다 정신분열증을 앓고 있다'는 진단을 내려도 무방할 것 같다.

더 늦기 전에, 우리 자신의 건강과 아이들의 밝은 미래를 위해 냉철한 지혜를 발휘했으면 한다. 특히 건전한 먹이사슬이 인간들의 삶에 있어 얼마나 중요한 것인지, 건강한 먹거리 문화의 정립을 위해 우리 리더들이 가장 많이 신경 써야 할 일이 무엇인지에 대해 본질적인 고민이 있어야 할 것 같다.

세계화 시대엔 내가 건강해야 가정, 사회, 국가, 세계인들이 다함께 건강할 수 있다. 또 사육환경과 사료의 품질이 좋아야 닭이 건강할 수 있고, 닭이 건강해야 한국 땅을 찾아오는 철새가 질병에 감염되지 않고 건강한 몸으로 다음 목적지를 향해 날아갈 수 있다. 만약 양계장에서 사육되는 닭이 독감에 걸리면, 독감 바이러스는 인근 양계장의 닭들과 오리들에게 전염되고, 이것이 결국 철새들에게 옮겨져 전 세계의 철새와 닭, 그리고 오리들을 몰살시킬 수 있다.

이러한 현상은 이미 독일의 사회학자 울리히 벡(Ulich Beck, 1944~)이 상세히 규명한 바 있다. 그는 현대사회에 나타나는 위험이 과거의 위험과는 본질적으로 다르다고 주장했다. 그에 따르면 과거의 위험은 인간의 오감을 통해 충분히 인지할 수 있었고, 원인 규명도 쉬웠으며 파급효과도 발생지역의 범위를 크게 벗어나지 않았다고 한다.

그러나 현대사회의 위험은 조류독감, 사스(SARS, 급성호흡기증후군), 황사 등에서 볼 수 있듯이 한 지역에서 발생한 위험의 파장이 전 세계를 향해 일파만파로 확산되는 특성을 보인다는 것이 울리히 벡의 냉철한 지적이다.

이런 관점에서 본다면 조류독감은 특정 국가 혼자서 해결할 사안이 아니다. 또 철새가 조류독감을 발생시킨 원흉은 더 더욱 아니다. 따라서 조류독감의 근본적인 문제해결을 위해서는 전 세계인들이 관련 정보를 서로 공개하고 공유하면서 전방위적인 공조체제共助體制를 구축해 나가는 지혜를 모아야 한다. 가장 중요한 것은 닭이나 오리의 사육환경부터 개선하고, 동물로서 그들이 누려야 할 권리와 자유를 최대한 보장해 주는 일부터 시작해야 한다. 그것만이 인간으로서의 도리를 다하는 동시에 전지구촌에 엄습할지도 모르는 미지의 재앙을 미연에 방지할 수 있는 첩경이다.

그런 의미에서 "조류독감의 원인은 철새일 가능성이 높다."라는 농림수산부 고위당국자의 말은, 문제의 본질을 내 탓에서가 아니라 네 탓에서 찾는 무책임한 행위다. 또 다시 그와 유사한 발언을 하는 무식한 관료가 있다면, 일단 그런 인간부터 공직에서 영원히 추방시켜야 한다.

▶《근사록》을 보면 '유욕칙무강有欲則無剛'이라는 글귀가 나온다. 이는 '욕심이 많은 자는 강해질 수 없다'는 뜻이다. 여기서 '강剛'은 자신이 옳다고 믿는 신념을 끝까지 고수하며 어떠한 역경 속에서도 밀고 나갈 수 있는 강력한 추진력을 말하는데, 거기에 개인의 욕심이 개입하면 '강剛'을 유지하기가 어렵다는 얘기다. 왜냐하면 사욕에 휘말려 타협과 변절의 길로 가기 때문이다.

▶ 청록파 시인 조지훈은《지조론》에서 "지조란 순일純─한 정신을 지키기 위한 불타는 신념이요, 눈물겨운 정성이며, 냉철한 확집確執이요, 고귀한 투쟁이기까지 하다."라고 말한 바 있다. 그런 의미에서 자신의 정치적 이익만을 쫓아 유권자들과의 약속이나 정치적 신념을 내팽개치는 정치인들은 이제 더 이상 지식정보화 사회가 필요로 하는 정치 리더가 아니다. 그리고 그런 사이비 리더들을 정치 무대에서 영원히 추방시키는 일이야말로 우리가 민주시민으로서 해야 할 첫 번째 의무라고 생각한다.

3장

기간제 여교사와 왕정치 선수

Korean Leadership

필자는 외부강연을 자주 다닌다. 지방대 교수치고는 강연료도 꽤 비싼 편이다. 물론 사회봉사 차원에서 군부대 특강이나 교도소 재소자들을 위한 강의는 강연료를 받지 않는다.

그런데 필자는 강연을 하러 가면, 필자를 초청해준 분에게 반드시 "왜 저를 강사로 불러주셨느냐?"고 질문한다. 그러면 대체로 "교수님의 강의가 재미있고 남이 안 하는 얘기만 골라서 합니다. 무엇보다 윗사람이 듣기에도 거북한 얘기를 스스럼없이 한다는 주위의 평가 때문입니다."라고 말한다. 그런 얘기를 접하면, 필자는 부지불식간에 '넘버원' 보다는 '온리원' 전략을 구사해 왔구나 하는 생각을 한다. 아무튼 강연을 재미있게 한다는 소문이 나돌면서 필자는 다른 사람들보다 상대적으로 차 대접을 받을 기회가 무척 많아졌다.

　필자는 차와 관련해 두 가지 독특한 버릇이 있다. 하나는 차를 가지고 온 여직원에게, 필자가 먹어보고 느낀 차 맛을 솔직하게 얘기해 준다는 점이다. 가령, "오늘 커피 맛은 정말로 훌륭했어요."라든가 "오늘 커피는 프림과 설탕의 궁합에 문제가 있는지 커피 맛이 조금 쓰네요."라고 말이다. 또 기관의 리더들에게는 "요즘 여직원에게 차 주문을 시켜도 노조 측에서 이의를 제기하지 않습니까?"라느 질문도 한다.

　필자가 이런 행동을 하는 데는 다 그럴 만한 이유가 있다. 직책상 또는 어쩔 수 없이(일반적으로 기관에서는 가장 나이 어린 여성 분이 차 심부름을 하는 경우가 대부분이다) 차 심부름을 하더라도, 기왕에 해야 할 차 심부름이라면 그 분야에서 최고로 맛있는 차를 만들어 대접할 줄 아는 사람이 되라는 뜻에서 차 맛에 대한 얘기를 솔직하게 해준다. 또 기관의 리더들에게 "여성들에게 차 주문을 시켜도 괜찮습니까?"라고 묻는 이유는, 이제는 앉아서 차 대접만 받으려 하지 말고 집무실 안에다 차 자판기를 설치하거나 부하 여직원이 진심으로 차 대접을 하고 싶을 정도로 훌륭한 리더십을 발휘하시라는 뜻에서 진언을 드리는 것이다.

:: 차 심부름이 불러온 교장 선생님의 죽음
::

몇 년 전, 우리 고장의 B초등학교에서 기간제 여교사에게 차 심부름을 시켰다가, 교권을 침해했다는 이유로 전교조 교사들의 격렬한 항의를 받은 S교장이 자살하는 사건이 일어났다. 그 이후, 필자는 전국교장단협의회와 전교조 그리고 학부모간의 볼썽사나운 대립과 상호 반목을 지켜보면서 교육자의 한 사람으로서 형언할 수 없는 자괴감을 느껴야만 했다.

교단에 첫발을 내디딘 기간제 여교사가 S교장의 차 심부름을 자신의 친정아버지에 대한 차 대접 정도로 가볍게 여기고, 즐거운 마음으로 차를 갖다 드릴 수는 없는 문제였을까? 차의 세계에서 통용되는 말 중에, '일기일회—期—會'라는 것이 있다. 이 말은 차를 마시는 자리에 접할 때, '이 사람은 일생에 한번밖에 만나지 못할지 모른다. 그러니 최선을 다해 좋은 차를 올려야겠다'는 의미를 갖는다.

물론 기간제 여교사의 입장에서는 "자신이 학생들을 가르치기 위해 학교에 출근한 것이지, 교장의 차 심부름이나 하려고 온 것은 아니다."라고 강변할는지 모른다. 그런 강변에 대해 필자 또한 딱히 할 말이 없다. 다만, 자신보다 세상을 더 많이 살았고 교육 경력이나 인생 경험 면에서 대 선배인 그분을 정중하게 모실 수도 있지 않았을까.

S교장한테도 안타깝게 여겨지는 부분이 있다. 아마도 S교장이 교직에 입문해서 교장의 자리에 오르기까지, 그분은 윗사람을 지극 정성으로 모셨을 것이다. 지금 교장, 교감의 자리에 계신 선생님들은 다들 그런 인고의 세월을 살아오신 분들이다. 그래서 S교장 본인도 후배 교사들로부터 지난날 자기가 선배 교사들에게 해드린 것과 같은 인간적인 대접을 받고 싶었는지도 모른다. 그러나 이제는 세월이 바뀌었다는 사실을 정확히 인식해야 한다.

"시대가 정말로 더러워졌다!"고 얘기하는 사람들에게 밝은 미래는 결코 보장되지 않는다. 급변하는 시대에는 사회의 변화에 탄력적으로 그리고 능동적으로 대응하면서 교장과 교감의 직책에 요구되는 리더십을 원만하게 발휘할 때, 신세대 후배 교사들에게 존경과 칭송을 받는 교육계의 리더가 될 수 있다. 지금은 권위주의를 미련 없이 포기하고, 후배 교사들이 원하는 사항들을 그들보다 앞장서서 개혁함으로써 진정한 권위와 교단의 평화를 찾아가는 교육계 원로로서의 지혜가 그 어느 때보다 절실한 시점이다. 왜냐하면 교육이란, 인간의 여러 활동 중에서도 현재보다는 미래, 안정보다는 변화를 추구하는 인간의 숭고한 활동이기 때문이다. 또 권위라는 것은 자기 자신을 진정으로 버릴 때에 한해서 얻을 수 있는 고귀한 선물이다.

:: 아름다운 인간 승리자, 왕정치
::

필자가 차 심부름 사건으로 자살한 S교장의 얘기를 접하면서 20여 년 전 일본 책에서 읽었던 일본의 홈런왕 왕정치 선수 이야기가 떠올랐다. 그 책은 읽은 지가 하도 오래되어 도서명과 저자의 이름은 가물가물하지만, 내용만큼은 또렷하게 기억한다.

일본식 이름으로 오사다하루(2006년 월드 베이스볼 클래식 대회에서 일본팀의 우승을 이끈 야구감독)인 왕정치는 자타가 공인하는 일본의 간판타자였다. 1940년생으로 와세다 실업학교의 에이스로서 고시엔 대회의 우승 투수였던 그는 1959년 요미우리 자이언츠 팀에 입단했다. 입단 이후, 그는 아라가와 히로시 코치의 집중적인 교육을 받고 타격 폼과 타이밍을 잡는 법, 스윙 등을 바꿔가면서 외다리 타법을 고안해 냈다. 외다리 타법이란, 투수가 투구 모션을 일으키는 것과 함께 앞다리를 들어올려 한발로 몸의 균형을 잡고 있다가 투수가 공을 던지는 순간, 들어올린 앞발을 내딛면서 타격을 시도하는 폼을 말한다.

그런 노력을 통해, 왕정치가 현역 시절 거둔 실적을 보면 눈부시기 그지없다. 비공인 세계 신기록인 통산 최다 홈런 868개, 최우수 선수 9회, 홈런왕 타이틀 15회, 타점 왕 타이틀 13회, 통산 최대 타점 2,170점, 통산 장타율 0.634, 통산 최다 득점 1,967점, 시즌 최다 홈런 55개, 7경기 연속 홈런, 1경기 4홈런 및 4타수 연속 홈런, 통산 최다 만루 홈런 15개 등 그의 야구 인생은 대단히 성공적이었다.

그러나 왕정치에게도 초보 시절이 있었다. 마치 개구리도 올챙이의 시절을 거쳐야 하는 것처럼 말이다. 그런데 초보 시절의 왕정치에게는 다른 선수들과 다른 것이 하나 있었다. 바로 그것 때문에 왕정치는 자이언츠의 우로宇路 구단주의 눈에 들었고, 다른 선수들보다 훨씬 좋은 조건에서 연봉협상을 할 수 있었다.

1960년 12월, 신인인 왕정치는 태어나서 처음으로 계약 갱신이란 것을 하게 되었다. 자이언츠의 우로 구단주는 왕정치에게 "자네의 금년도 타율은 1할 6부 7리, 홈런은 7개, 타점은 25점밖에 안되네. 그런데도 3진 아웃 수는 72개로 자이언츠 팀에서 제일 많아. 타율, 타점, 삼진 아웃 수, 거기에다 팀 공헌도 역시 숫자數字상으로 보면 감봉감이야!"라는 말을 했다. 이때 왕정치는 '올 연봉 인상은 글렀구나!' 라고 생각하고 마음속으로 감봉을 각오했다고 한다.

그런데 우로 구단주는 "왕군! 올해 연봉은 작년보다 1만 엔 인상된 13만 엔으로 하자."라고 말하는 것이 아닌가? 순간 왕정치는 크게 놀랄 수밖에 없었다. 우로 구단주가 그런 결정을 내린 것은, 전적으로 평소 야구공을 제 몸처럼 아끼는 왕 선수의 갸륵한 마음씨 때문이었다.

:: 인간승리는 아주 하찮은 일에서 비롯된다
::

　신인이었던 왕정치는 야구공을 담당하는 역할을 맡았는데 야구 경기가 끝나면 경기장에서 야구공을 일일이 주운 다음, 실밥이 터진 야구공을 합숙소에 가지고 와서 밤늦게까지 정성껏 꿰맸다. 누가 하라고 시킨 일도 아니었다. 실밥이 터진 야구공 한 개를 꿰매는데 걸리는 시간은 약 30분이었다고 한다. 그런데 왕정치는 매일 밤 두 세 개씩 실밥이 터진 야구공을 꿰맸다. 우로 구단주는 오래전부터 그와 같은 왕정치의 투철한 책임감과 일에 대한 남다른 애정을 정확하게 읽고 있었던 것이다.

　남들이 귀찮아하고 싫어하는 야구공 꿰매는 작업을 말없이 하면서 왕정치는 훗날 일급 선수로 비상해 대 활약을 하는 원대한 꿈을 꾸었을 것이다. 그리고 선배들을 하늘같이 모시면서 선배선수들로부터 좋은 점과 반면교사로 삼아야 할 점들을 냉철하게 체크한 후 그것을 가슴 깊이 새기지 않았을까.

　필자는 그와 같이 겸손한 자세로 자신의 야구인생을 밑바닥부터 철저하게 다져나간 왕정치에게 아낌없는 박수와 칭송을 보냈던 기억이 있다. 또 선수 개개인을 빈틈없이 체크하면서 숨은 곳에서 팀에게 무언無言의 공헌을 하고 있던 왕정치를 발굴해 격려하고 그의 선행을 외부에 알리는데 주저하지 않았던 우로 구단주의 열린 리더십에 경의를 표하지 않을 수 없었다.

어느 조직에서나 하기 좋은 일보다는 그렇지 않은 일이 더 많다. 그런데 장래에 큰 인물이 될 사람은, 평범한 일상생활에서 중요한 의미를 포착하고 거기에 승부수를 띄운다. 요즘은 일부 의식 있는 직장 여성들이 "이 회사에 차 심부름하러 입사한 게 아닙니다!"라고 항변하며 잡일을 거부하는 경우가 종종 있는 모양이다. 그런데 회사 간부들의 말에 따르면, "차 심부름밖에는 할 수 있는 일이 없으니까, 차 심부름을 시킨다."고 한다. 문제는 차 심부름을 하면서도 빨리 한 사람 몫의 업무를 제대로 소화시킬 수 있는 사람으로 성장함으로써 차 심부름만 시켜서는 안 되는 소중한 존재로 발전해야 한다는 점이다.

설령, 차 심부름을 하고 있는 동안에도 회사 안에서 가장 맛있는 차를 가장 친절하게 대접할 수 있는 프로 기질을 가져야 크게 성공할 수 있다. 이와 마찬가지로 신입사원 시절에는 회사나 회사의 간부가 시키는 잡일 하나라도 모든 사람들로부터 칭찬을 받을 수 있도록 하고, 그 일에서 하루빨리 졸업한 후 자신만의 주특기를 찾아 나가려는 노력을 기울여야 한다. 적어도 우리 모두가 그런 열린 사고로 직장의 상사와 부하직원이 의기투합할 때, 우리 사회는 지금보다도 훨씬 살기 좋고 아름다운 사회로 변모할 수 있지 않을까?

필자는 가끔 S교장과 우로 구단주, 그리고 기간제 여교사와 과거 일본의 홈런왕이었던 왕정치 선수가 뇌리에 떠오르면서, 우리 사회가 직면하고 있는 여러 가지 갈등과 부조화不調和의 문제를 다시 한번 생각해 보게 된다. 비록 늦은 감이 있긴 하지만, 우리가 상생의 정신으로 서로 머리를 맞대고 가슴을 열면, 현재 실타래처럼 꼬여 있는 각종 난제들도 한 여름철의 장대비처럼 시원스럽게 풀릴 것 같은 희망을 갖게 한다.

그러기 위해서는 무엇보다도 윗물격인 리더들부터 부하직원에 대한 따뜻한 애정과 열린 마음을 가져야 한다. 아주 사소한 일에서부터 인간승리의 실마리를 풀어나가는 왕정치 선수 같은 젊은이와 우로 구단주처럼 고감도 감성을 지닌 리더들이 많이 출현해서 삭막한 우리 사회를 따뜻하게 이끌어주길 기대한다.

▶ 《채근담》을 보면 '복구자비필고伏久者飛必高'라는 글귀가 나온다. 이는 '오랜 세월 동안 웅크리고 있던 새는 반드시 높이 날아오른다'는 의미다. 우리는 초년병 시절 진지하고 겸손한 자세로 자신을 갈고 닦으면서 새로운 도약의 기회를 쌓아나갔던 왕정치 선수로부터 많은 교훈을 얻어야 할 것 같다. 왕정치 선수의 성공 스토리를 추적해 보면, '하늘은 스스로 돕는 자를 돕는다'는 얘기가 마치 그를 두고 하는 말인 것 같은 착각에 빠져들게 한다.

▶ 또 회전의자의 주인을 꿈꾸는 사람들은 우로 구단주처럼 참다운 인재를 식별해내는 안목과 그런 인재를 신뢰하고 키워낼 수 있는 자질을 함양해야 한다. 성악설을 주장한 순자는 리더가 백성들의 신뢰를 얻기 위해서는 가장 먼저 백성을 위한 정치를 할 것, 그리고 뛰어난 인재를 존경하고 사회의 규칙을 준수할 것, 마지막으로 유능한 인재를 발굴한 후 그에게 국가의 중책을 맡길 것 등을 주문했다. 이것을 보면, 인재경영을 잘하는 사람이 디지털 시대의 으뜸 리더라는 사실을 재확인할 수 있다.

4장
추락하는 '아부지들'에게 고함

Korean Leadership

필자는 지금까지 40여 년을 살아오면서 아버지를 단 한번도 '아빠'라고 불러보지 못했다. 유년기에는 과묵하신 아버지가 무서워서 감히 아빠라는 말이 입에서 나오지 않았다. 청소년기와 장년기에 들어와서는 아빠라는 단어가 낯간지러워서 도저히 사용할 수 없었다. 그래서 가장의 권위주의에 대한 반감, 부자간의 어색한 거리감 등으로 점철된 '아부지'라는 용어가 아빠를 부르는 대체 용어가 되고 말았다.

이제 두 아들을 키우며 나이 오십을 바라보는 가장으로서, 하루에도 몇 차례씩 아빠라는 말을 들으며 생활하고 있다. 퇴근해서 아파트 현관의 초인종을 누르면, "아빠야?"라며 문을 여는 막둥이 녀석의 천진난만한 모습을 보며 일상의 평범한 행복을 느끼고 있다.

필자는 아빠가 되고 나서야 비로소 아버지의 외로움을 이해할 수 있었고, '소금의 고마움은 그것이 떨어졌을 때 알게 되고, 아버지의 고마움은 돌아가신 뒤에야 알게 된다'는 인도의 속담도 가슴으로 느끼게 되었다. 또 '아버지의 눈에는 눈물이 보이지 않으나 아버지가 마시는 술에는 항상 보이지 않는 눈물이 절반이다'라고 노래한 김현승 시인의 〈아버지의 마음〉이 색다른 의미로 다가오고 있다. 그러면서도 다른 한편으로는 우리 사회에서 더 이상 엄한 아버지가 존재하지 않는다는 현실에 착잡한 마음이 들기도 한다.

:: 우리 시대의 아부지들은 죽었다?
::

과거 농경시대나 봉건시대의 아버지들은 공동체 사회의 암묵적 규약과 남성 특유의 완력을 바탕으로 장유유서와 가부장적 질서를 확실하게 유지할 수 있었다. 그러나 산업화시대의 도래로 기계가 남성의 힘을 대신하고, 핵가족화와 가전제품의 등장으로 여성들의 여가시간과 사회활동이 늘어나면서 아버지들의 권위는 맥없이 추락하기 시작했다.

이 때, 도시의 공장근로자로 전락한 아버지들이 자신의 권위를 지키기 위해 주로 사용했던 방법은 용돈이나 장난감 선물을 통한 자녀들의 '비위 맞추기'였다. 또 초등학교 아이들이 즐겨 부르는 동요에 나오는 것처럼, 시장에 가서 비단구두를 사오거나 아이들이 좋아하는 나팔꽃을 기르기 위해 새끼줄이라도 매어주는 아버지가 되어야만 그럭저럭 아버지로서의 체면과 위신을 지킬 수 있었다.

그런데 예고 없이 다가온 디지털 혁명의 후 폭풍으로 직장에서 쫓겨나는 가장들이 늘어나면서 40~50대 아버지들의 권위는 한마디로 설 땅조차 없어지고 말았다. 더욱이 랩 음악, 테크노 댄스, 컴퓨터, 영어 실력으로 무장된 자녀들과 대화조차 제대로 되지 않는 아버지들은 그들의 어떠한 물음에 대해서도 아부지我不知, 즉 '나는 알지 못한다'로 일관할 수밖에 없는 실정이다. 1960~1970년대의 아부지가 권위주의시대를 대변하는 애증愛憎의 용어였다면, 요즘의 아부지는 디지털 시대에 적응하지 못한 낙오자들만이 갖는 회한과 설움의 단어다.

성의 쾌락추구를 비롯한 인간본능의 해방을 주장하며 1960년대 서구 학생운동의 기폭제 역할을 했던, 독일 태생의 미국인 비평가 마르쿠제는 이미 오래 전에 아버지들의 권위추락을 예상했다. 그는 "우리 시대의 아버지는 죽었다. 이제 아버지는 아이를 생산하기 위한 정자를 공급하는 것 이외에 그 어떤 존재이유도 갖지 못한다."고 선언해 버렸다.

독일의 시인이며 실존주의 철학의 선구자였던 니체가 신의 사망 선고를 내렸던 것처럼, 마르쿠제가 아버지를 죽임으로써 오이디푸스(Oedipus)시대를 열어 놓은 것이다. 김정현의 소설 《아버지》역시 그런 시대적 배경을 깔고 출간했기 때문에, 아버지들의 강력한 권위에 대한 향수나 안타까움을 갖고 있는 수많은 독자들의 눈물을 자아낼 수 있었던 것이 아닐까?

하지만, 우리들이 간과해서는 안 될 중요한 사항이 하나 있다. 그것은 《아버지가 없는 사회》의 저자인 폴 페데른, 《고독한 군중》의 저자인 리스먼과 같은 지성들이 지적하는 고언苦言이다.

:: '남편 기 살리기' 담론은 시대착오적인 발상 ::

그들은 한결같이 오늘날 우리 청소년들의 비행과 폭력성에 대한 근본 원인을 아버지들의 권위 상실과 그로 인한 가정 내 부권의 실종에서 찾고 있다. 즉 올바른 자녀교육을 위해서는 부모 간에 균형 잡힌 역할이 매우 중요한데, 아버지들의 권위 실추로 부의 역할이 그만 블랙홀에 빠져 버렸다는 것이다.

그렇다면, 오늘날의 아버지들이 겪고 있는 혹독한 시련은 어디에서 비롯된 것인가. 그것은 층층시하의 엄격한 위계질서, 명령과 통제로 특징 지위지는 산업화시대의 아날로그식 아버지들이 유연성, 기민성, 스피드, 도전정신이 요구되는 디지털시대에 잘 적응하지 못한데 있다. 즉 시대의 급격한 변화에 탄력적으로 대응하지 못한 아버지들이 퇴출 대상으로 지목되어 하루아침에 다니던 직장을 잃고 경제력을 상실했다는 점이 가장 큰 이유일 것이다.

한편, 아버지들의 경제적 능력상실과 그에 따른 가장으로서의 권위추락은 가출과 자살, 이혼의 급증, 가정교육의 부재와 청소년 비행의 심화와 같은 사회적 문제를 불러 일으켰다. 그 와중에서 핫 이슈로 제기된 것이 바로 '남편 기(氣) 살리기'라는 사회적 담론이다. 그것은 가정 주부들에게 비록 남편들이 밖에 나가 돈을 벌어오지 못하더라도 바가지를 긁지 말고 따뜻한 위로와 격려를 아끼지 말아달라는 취지에서 시작되었다. 그러나 '남편 기 살리기'의 담론은 우리 사회가 직면하고 있는 본질적인 위기와 문제를 제대로 간파하지 못한 상태에서 급조된 함량미달의 대안에 불과하다.

'남편 기 살리기'는 남성 중심의 가부장적 이데올로기와 엄격한 성별 분업을 전제로 한다. 여기서 성별 분업이란, 남편은 가족의 생계를 책임지기 위해 돈을 벌어야 하고, 아내는 남편에게 순종하면서 육아와 가사를 전담하는 것을 의미한다. 그러나 디지털 시대에 적응하지 못한데 따른 실업의 고통은 남편만의 전유물이 아니다. 성별 분업의 경계가 확실하면 할수록 남편의 실직으로 인해 고통을 당하는 사람은 오히려 아내 쪽이다.

아내는 남편의 기를 살려 주기 위해 백수 남편의 눈치를 더 살펴야 하고, 아내가 취업을 하는 경우에도 남편의 자존심이 상할까봐 매우 조심스럽게 행동해야 한다. 그러다 보니 아내는 남편에게 가사노동에 대한 분담 요구를 깨끗하게 포기하고, 취업과 육아, 가사

노동의 전담이라는 삼중고를 고스란히 감내해야만 한다.

　이처럼 경직적인 성별 분업의 논리와 '남편의 기 살리기'가 계속 되는 한, 삶의 무게에 지친 아내들은 무능한 남편을 마음속으로 원망하고 비난하다 끝내 가출할 수밖에 없게 된다. 또 자존심이 강한 남편들은 자신의 무능과 무기력을 탓하며 가족과 가정으로부터 일탈하여 홈리스(Homeless)족으로 전락하거나 극단적인 경우에는 자살을 선택하기도 한다. 그런데도 왜 우리 사회는 남편들의 기 살리기만 중시하고 있는 것인가. 이것은 뭐가 잘못돼도 아주 크게 잘못된 일이다.

　21세기의 디지털 시대는 우리들에게 노동시장의 유연성을 요구한다. 이제는 어디에도 평생고용이 보장되지 않는다. 앞으로는 아내가 취업을 해서 식구들의 생존을 책임지고, 남편들이 육아와 가사를 전담하는 경우도 적지 않을 것이다. 따라서 남편들의 권위를 진정으로 추켜세우기 위해서는 무엇보다도 '남편들은 경제력을 지닌 가장이어야 한다'라는 삶의 굴레로부터 해방시켜 줄 필요가 있다. 그와 함께 지금까지 아내들에게 끝없는 정신적, 육체적 고통과 좌절감을 느끼게 했던 육아와 가사의 분담을 우리 남편들이 자연스럽게 받아들일 수 있는 사회적 분위기를 조성해 나가야 한다.

:: 도전하는 아부지들이 자랑스럽다
::

말 그대로 21세기는 변화와 도전의 시대다. 뉴 밀레니엄이 요구하는 바람직한 아버지 像은, 어떠한 시련이 닥쳐온다 해도 그에 굴복하지 않고 자신의 삶을 열심히 개척해 나가는 강한 아버지일 것이다. 그를 위해 우리 아버지들은 창의적인 생각과 적극적인 자세로 자기혁신을 실천하는 모범을 보여 주어야 한다.

요즘 세대의 자녀들은, 한마디의 영어라도 배우려고 노력하는 아버지, 인터넷 정보검색을 터득해서 실생활에 활용하려고 최선을 다하는 아버지들을 좋아한다. 따라서 컴퓨터, 영어, 인터넷에 대한 전문지식의 부족으로 젊은이들과 경쟁할 수 없다고 해서 그런 것들을 미리 포기하고 멀리한다면, 아이들 어느 누구도 그런 아버지를 존경하지 않을 것이다.

또 아이들은 불치하문不恥下問의 자세로, 새로운 미지의 세계를 얻기 위해 끊임없이 도전해 나가는 진취적인 아버지들에게 뜨거운 애정과 박수갈채를 보내고 있다. 그런 점에서 아날로그식 아부지들이 가장 경계해야 할 것은 족탈불급足脫不及의 자학적 심정으로 디지털식 아버지나 아빠로 거듭 태어나기 위한 수受 · 파破 · 창創 프로세스(남의 좋은 것을 받아들인 다음 창조적으로 파괴해서 자기 고유의 독창적인 것을 재창조하는 것으로 필자가 외부 강연을 위해 새롭게 고안한 개념이다)의 가동을 중지하는 일이다.

여기에는 아내들의 따뜻한 협조와 진정한 동반자 의식도 필요하다. 지금까지 우리 사회의 일부 아내들은 고급 옷 바람, 계 바람, 치맛바람, 애인 바람과 같은 온갖 장풍長風을 휘둘러대면서 자녀들 앞에서 남편들의 권위를 사정없이 꺾어 왔던 것도 사실이다.

이제 그런 아내들은 거울 앞에 선 큰 누님 같은 넉넉한 자세로 한없이 마이크로화된 아부지들의 위상을 높여 줌으로써 남편들이 삶에 대한 애착을 가지고 훌륭한 아버지로서 자기변신에 성공할 수 있도록 도와주어야 한다. '백지장도 맞들면 낫다' 라는 옛말도 있지 않는가!

결론적으로 말하건대, 아내와 자식들 앞에서 '나는 알지 못한다'는 의미의 아부지我不知를 외치며 스스로 부의 권위와 역할을 폄하시키거나 포기하려는 아부지들은 더 이상 가정의 리더인 아버지나 아빠가 될 자격이 없다.

또 그런 아부지들로 가득 찬 나라는, 결코 디지털 시대를 선도하는 일등국가로의 진입을 꿈꿀 수 없다. 지금 이 순간에도 좌절과 번민으로 방황하고 있을 아날로그식 아부지들에게 "어떠한 일이 있더라도 살아서 이 세계의 무의미無意味와 싸워야 한다."라고 역설했던 문학평론가 김현(평론가, 1942~1990)의 얘기를 들려주고 싶은 마음 간절하다.

▶ 《고문진보》를 보면 '양자불교부지화養子不教父之禍' 라는 글귀가 나온다. 이는 '자식을 가르치지 않는 것은 아버지의 과실이다' 라는 얘기다. 지극히 옳은 얘기임에도 불구하고, 우리 주위를 둘러보면 어머니가 자녀교육을 담당하는 가정이 대부분이다. 남편이자 아버지들은 단지 '돈 버는 기계' 로 전락했을 뿐이다. 실제로 일본에서도 '교육 마마' 는 있어도 '교육 파파' 는 없다고 하니, 그곳 사정도 우리와 매우 비슷한 모양이다.

▶ 앞으로 소중한 자녀들을 회전의자의 주인공으로 키우기 위해서는 자녀교육에 대한 부모들의 역할이 달라져야 한다. 어머니는 자녀들에게 사랑과 착하게 사는 법을 가르치는 인仁의 전도사가 되어야 하고, 아버지는 강인한 신념과 정의롭게 사는 길을 안내해 주는 엄嚴의 멘토가 되어야 한다. 자녀들이 인과 엄에 대해 균형감각을 갖는 한, 그 자녀는 이미 절반의 성공을 했다고 해도 과언이 아니다. 이 세상의 모든 아버지들이여! 용기를 잃지 말고 자녀교육에 좀더 많은 관심을 가집시다!

5장

이 시대, 교수들은 무엇으로 사는가?
Korean Leadership

　얼마 전 사회적 논쟁의 뜨거운 감자로 떠오른 동국대 강정구 교수의 돌출적인 언행은 많은 것을 생각하게 했다. 특히 강 교수는 '역사란 무엇인가?'와 '이 시대, 교수들은 무엇으로 사는가?'에 대한 본질적인 고민을 강요한다. 뱃속은 온통 메탄가스로 가득 차 있지만, 배설이 시원스럽지 않을 때 느끼는 짜증스런 기분으로 음습하기 이를 데 없는 이 문제를 끄집어내어 햇볕에 말려 보려 한다.

　:: 역사란 강자가 자신의 입장에서 기술한 픽션
　::

　'역사란, 본디 힘있는 자, 또는 승리한 자의 입맛에 맞도록 각색된 픽션이다.' 라는 게 필자의 생각이다. 역사가인 젠킨스 역시 "역사란, 기본적으로 상충되는 담론, 즉 사람과 계급과 집단이 말 그대로 자신들을 위해 과거의 해석을 자서전적으로 구성해내는 전쟁터다."라고 주장한 바 있다. 충분히 일리 있는 말이라고 생각한다. 일례로 당나라의 힘을 빌려 삼국통일의 위업을 달성했던 김춘추와 김유신 일당이, 백제의 의자왕을 삼천 궁녀와 놀아났던 타락한 인물로 폄훼시킨 것은 백제의 부활을 차단하기 위한 고도의 정치적 술수였다.

의자왕은 우리가 교과서에서 배웠던 것처럼 그렇게 타락한 왕이 아니었다. 삼천 궁녀 역시 김춘추와 김유신 일당이 꾸며낸 허구에 불과하다. 약 1400년 전인 660년에 부여 인구는 몇 명(약 삼천 명 정도였을 것이다)이었을까? 또 그 가운데 궁녀들의 숫자(기껏해야 3~30명 이내였을 것이다. 채 100평도 안되는 공주 공산성의 왕궁터가 그것을 입증해 준다)는? 이처럼 꼬리에 꼬리를 무는 역사적 질문과 논리적 추론을 반복하다보면, 삼국역사가 얼마나 많은 픽션과 사기, 그리고 추악한 술수로 가득 차 있는지를 금방 알 수 있다.

또한 농경문화를 대표할만한 역사가 사마천의 《사기史記》를 칭기스칸이 읽었다면, 그는 과연 《사기》와 사마천에 대해 뭐라고 말했을까? 아마도 "《사기》는 용렬하고 비겁한 사기詐欺로 가득 차 있으며, 희대의 사기꾼 사마천은 부관참시剖棺斬屍를 해야 할 놈이다."라고 비난했을 것이다.

농경문화 덕택으로 필력을 연마할 수 있었던 역사가들은 자신과 삶의 양식이 다른 유목민족들에게 몽고, 돌궐, 흉노, 서융, 남만과 같은 명칭을 붙여주면서, 그들을 미천한 오랑캐 무리로 깎아내렸다. 그것은 문자의 사용과 필력의 측면에서 우위를 점했던 농경문화의 역사가들이 유목민족들에게 내리꽂았던 비수匕首이자, 명백한 역사왜곡이었다. 그러나 농경문화의 역사가들은 중국의 한나라가 흉노제국에 조공을 했고, 유목민족이 중국의 북위北魏, 수隋, 요遼, 금金, 원元, 청淸나라 등의 절반 이상을 꾸려나갔다는 사실에 대해서는 애써 눈감고 있다.

이처럼 역사는 그것을 바라보는 사람의 관점에 따라서 얼마든지 다르게 기술하거나 해석될 수 있다. 그런 의미에서 필자는 강 교수의 학문적 자유와 표현의 자유는 존중되어야 한다고 본다. 그러나 '이 시대, 교수들은 무엇으로 사는가?' 라는 측면에서 바라볼 때, 강 교수는 지식인으로서 적지 않은 내적 한계를 갖고 있다. 필자는 그와 관련해 퇴계 이황 선생과 1996년 가을에 발표되어 사회의 이목을 끌었던 계명대 국어국문학과 민현기 교수의 소설《교수들의 행진》을 떠올려본다.

퇴계는 걸출한 인재를 368명이나 배출했던 당대 최고의 스승이었다. 그분은 스승임을 자처하지 않았고, 제자들을 다정한 벗처럼 대했다고 한다. 또 제자의 학문 정도에 따라 '토론식 강의'를 했다고 하니, 이미 조선시대에도 상당히 높은 경지의 수준별 교육이 실행되고 있었던 셈이다. 더욱이 퇴계에 대한 감동은, 그분의 문하생인 권호문權好文과 유응견柳應見이 나누었던 귀가길 대화에서 잔잔하게 배어나온다.

권호문 : "매번 이곳에 이르러 선생을 뵙고 말씀을 듣노라면, 마치 묵은 때를 씻어내는 것처럼 시원하고 비몽사몽非夢似夢하던 것이 갑자기 선명해지는 것과 같다네."

유응견 : "동감일세. 선인들이 구름과 안개를 헤쳐 푸른 하늘을 바라보고 가시밭길을 다듬어 바른 길을 낸다고 했는데, 지금 내가 그 심정일세. 그러니 내 어찌 학문 정진에 나태할 수 있겠는가?"

'그 스승에 그 제자'를 연상시키는 아름다운 모습이 아닐 수 없다. 퇴계가 제자들로부터 학문적인 인정과 인격적인 존경을 받을 수 있었던 것은, 언행일치를 실천했던 그분의 고결한 교육자적 성품 때문이다. 말만 앞서고 행동이 따르지 못하는 사람의 주장이나 이론은 탁상공론에 불과할 뿐, 그 어떤 설득력도 갖지 못한다.

:: 교수와 거지의 6가지 공통점
::

한편, 민현기의 소설 《교수들의 행진》은 박사학위 논문심사나 교수임용을 둘러싼 검은 돈의 거래, 명예·돈·보직에 대한 끝없는 탐욕, 연구나 교육보다는 학내 정치에 몰두하는 속물지성俗物知性들의 일그러진 모습을 고발하고 있다. 연작 형태로 구성된 그 소설에서 민현기는 광수와 철우를 비롯한 여러 등장인물들이 내뱉는 대화를 통해 먹물 집단인 교수들의 이중성을 거침없이 까발리고 있다.

"교수와 거지의 공통점이 무엇이냐?"는 광수의 질문에 철우의 대답이 사뭇 시니컬하게 이어진다. 철우는 "항상 손에 무엇을 들고 다닌다. 출퇴근 시간이 일정하지 않다. 수입이 일정하지 않다. 얻어먹을 줄만 알지, 대접할 줄은 모른다. 되기가 어렵지 일단 되고나면, 어떻게든 밥은 먹고 산다. 일단 되고 나면, 전직하기가 어렵다."는 말로 교수들에 대한 뒤틀린 심사의 일단을 드러낸다.

민현기의 날카로운 풍자는 거기서 그치지 않았다. 돈 앞에서 오금을 못 쓰는 교수를 '돈'과 '페스탈로찌'를 합성시킨 '돈탈로찌'라고 부르고, 교수教授를 '교활한 짐승'이란 뜻의 교수狡獸로 비하시켰다. 물론 민현기는 먹물들의 후환이 두려웠는지, "교수들 중에는 학문적인 측면이나 인격적인 측면에서 존경할만한 교수들도 많이 있다."는 얘기를 첨부해 놓았다. 그러나 필자는 '악화가 양화를 구축한다.'는 그레샴의 법칙이 말해 주듯, 현재의 교수사회가 이와 같은 세인들의 비판에서 결코 자유롭지 못하다고 생각한다.

필자는 퇴계와 강교수를 오버랩(Overlap)시켜 본다. 강교수는 "6·25 전쟁은 북한 지도부가 일으킨 통일전쟁이며, 그 과정에서 목숨을 잃은 400만 명에게 미국은 은인이 아니라 원수였다."라고 주장했다. 또 2005년 10월18일자 《시사저널》에서 "나는 합리적인 반미주의자이며, 적화통일 가능성은 0%도 없다."라고 강변했다. 그런데 강교수는 북한 정권에 대해 정확한 정보를 갖고 있을 만한 위치에 있지 않다. 그런 사람이 0%의 적화통일 가능성을 단언하는 자체가 한마디로 난센스다.

만약 퇴계가 강교수의 이와 같은 얘기를 들었다면, 그분께서는 혹시 다음과 같이 말씀하시지 않았을까?

"강교수! 당쟁만 즐기던 조선이 일제에 의해 국권을 빼앗긴 후, 식민 통치를 받다가 제2차 세계대전이 일어난 것 아니오? 하지만 우리 민족 에게는 독립전쟁을 치를만한 힘이 없었지요.

결국 미국의 원자탄 세례와 소련의 약삭빠른 개입으로 제2차 세계대 전은 종결된 겁니다. 그런데 종전終戰의 주역인 미국과 소련이 한반도를 가만히 놔둘 까닭이 있었겠소? 당연히 그들은 한반도를 분할 통치하기 에 이르렀고, 그것이 남북분단으로 고착된 것 아니오? 당신이 미국이라 도 그렇게 행동했을 것이오. 왜냐하면 이 세상에는 공짜 점심이 없기 때 문이오. 나는 당신 얘기를 듣고 몇 가지 고민에 빠지게 되었소.

첫째, 미국을 원수의 나라로 공격하기 전에 국가와 국민조차 제대로 건사하지 못했던 우리들 자신의 문제를 솔직하게 뒤돌아보는 자성이, 당신의 주장에 빠져 있다는 점이오. '내 탓'에 대한 반성과 고뇌는 포기한 채, '네 탓' 찾기에만 열중하는 사람들에게는 미래의 희망이 없는 법이오. 더구나 세계가 하나의 지구촌으로 네트워크화 되고 있는 시점에서 좋든 싫든 서로 도움을 주고 받아야할 나라를 원색적인 북한식 용어를 써가며 비판하는 태도는 학자로서 옳은 처사가 아니라고 생각되오.

둘째, 민족통일을 위한 수단으로 김일성이 채택했던 6·25 전쟁과 400만 명의 죽음을 바라보는 강교수의 시각은 이미 균형감각을 잃고 있소. 당신도 한번 생각해 보시오. 제 아무리 민족통일이 중요하고 시급한 당면과제였더라도, 동족끼리 총부리를 겨누었던 6·25 전쟁이 정당화 될 수는 없는 문제요. 또 김일성이 6·25 전쟁을 일으키지 않았다면, 당신이 말하는 원수들(미국을 포함한 UN군)의 개입이나 그 엄청난 인원의 허망한 죽음도 없었을 것 아니오.

그런 것에 대한 내적 성찰이 수반되지 않는 한, "내 학문적인 정체성과 소명의식은 냉전 성역을 허무는 것이다."라는 당신의 주장은 그리 큰 설득력을 갖지 못하오. 물론 북측 입장에 편향된 일부 사람들에게는 당신이 구세주로 보일지 몰라도, 그것을 시대의 진리이자 대세라고는 볼 수 없소.

셋째는, 강교수는 《시사저널》에서 "냉전체제에서 학자들은, 예민한 문제는 외면하거나 양시양비론으로 서술하며 보신주의로 나가는 경우가 많다."는 주장을 했지요? 그런데 당신과 두 아들의 인생항로를 따라가 보면, 그 주장 역시 설득력이 거의 없어 보인다오. 들리는 말로는 당신이 미국에서 석·박사학위를 취득했고, 장남은 미국의 법률회사에 근무 중이고, 차남은 카투사로 복무했다고 합디다. 그러한 배경을 가진 당신이 시혜施惠의 나라 미국을 원수의 나라로 공격하는 것이, 내게는 지식인의 가증스런 위선으로밖에 보이지 않는데 그에 대한 당신 입장은 뭐요?

강교수! 미국에서 공부했고 당신 전공이 사회학이니까, 《희망》과 《그대로 갈 것인가, 되돌아 갈 것인가》의 저자인 스코트 니어링을 잘 알거요. 그는 《거대한 광기》라는 책에서 미국 정부를 공개적으로 비판했다는 이유로, 자신이 근무했던 두 대학(펜실베이니아, 톨레도 대학)에서 잇따라 해고되었지요. 그 후, 그는 낙향해서 농사를 지으며, 평생 동안 저술과 강연 활동을 통해 자신의 정치적 소신을 세인들에게 전파하는데 전념했지요.

특히 그는 젊은 시절에 작성한 비망록에서 "나는 사회주의자, 평화주의자, 채식주의자가 되겠다. 사교춤과 화려한 야회복으로 대표되는 생활을 포기하겠다. …… (중략) …… 노동으로 생계를 꾸려나가고, 계급투쟁운동을 계속하겠다. 끊임없이 배우고 익혀, 균형 잡힌 인격체가 되도록 힘쓰겠다."고 밝히고, 초지일관된 삶을 살다가 1983년에 저 세상으로 소풍을 떠났지요. 더욱 놀라웠던 것은 자기 아들이 보수단체의 일원이 되어 우파적 삶을 살자, 자신의 좌파적 신념을 견지하기 위해 부자

간에 의절까지 했다는 사실이오. 나는 21세기 한국의 강교수를 보면서, 20세기 미국인의 정신적 지주 가운데 한 사람이었던 스코트 니어링을 떠올려 보았소. 역시 두 사람 사이에는 학자적 양심과 인격적인 측면에서 엄청난 괴리가 있음을 고백하지 않을 수 없구려.

강교수! 내가 주제넘게 당신의 삶을 거론한 것 같아서 미안하게 생각하오. 또 새로운 진리를 찾아 떠나려는 당신의 학구적 자세에 대해서는 비판할 생각이 조금도 없소. 다만, 학자라면 모름지기 내 자신과 이웃, 그리고 국가와 세계의 흐름을 냉철하게 파악하면서 보편적, 합리적, 객관적인 자세만큼은 지켜야 한다고 생각하오. 당신 말대로 냉전의 성역을 깨트리기 위해서는 먼저 북한 정권의 비민주적인 권력세습과 인권탄압, 국군포로, 강제로 납북된 사람과 납북선원의 송환(장기수들의 북측 송환만 중요한 게 아니다), 그리고 북한 주민을 궁핍하게 만든 좌파정권의 실상과 폐해부터 철저하게 파헤치는 연구를 시작했으면 좋겠소. 저 세상에서 당신의 양심적인 연구를 지켜보고 있겠소. 열심히 노력해 보시구려.”

또 민현기의 소설 《교수들의 행진》에 나오는 주인공 광수와 철우는 강교수에 대해서 어떤 얘기를 할까? 소설 속에서 박사학위를 취득하고 백수로 지내는 부잣집 아들 광수는, '좌파정권의 비열한 암묵적 지지를 등에 업고 무언가 좀 튀는 언행을 통해 자신의 이름 석 자를 알리려는 속물인간'으로 강교수를 평가할 가능성이 높다. 그것은 배부른 돼지가 소크라테스로 변신하는 것이 그리 쉽지 않기 때문이다. 철학 부재의 상태로 세상을 편안하게 살아가는 광수에게 있어, 강교수는 단지 자신과 같은 부류(안락하고 자기중심적인 삶을 사는 데는 교수라는 직업처럼 좋은 게 없다)의 하등 동물일 뿐이다.

학원 강사인 아내에 빌붙어 살며 박사학위 논문을 준비 중인 철우 역시 강교수에 대해 그다지 우호적인 발언을 할 것 같지 않다. 그동안 교수들에게 당했던 설움과 구박, 하는 일에 비해 상대적으로 높은 사회적 대우를 받는 교수들에 대한 분노와 질시가 마음 가득히 쌓여 있기 때문이다. 또 속으로는 미국 지향적인 삶을 살면서도, 겉으로만 미국을 증오하는 정의의 사도로 목소리를 높이는 그의 위선적 태도에 대해 원초적인 거부감을 나타낼 지도 모른다.

:: 지식인에 대한 사르트르의 경고 ::

장폴 사르트르(Sartre Jean-Paul)는 '다른 사람을 위해 모순된 자신의 삶을 살면서, 그 모순을 극복하는 사람이 진정한 지식인이다.' 라고 정의했다. 도대체 이것이 무슨 말인가? 그는 《지식인을 위한 변명》에서 '지식인은 지배계급과 노동자계급 어디에도 소속되지 못하는 자기 모순적 존재다.' 라고 주장했다. 즉 지배계급에게는 그들의 통치를 뒷받침해 주는 하수인으로, 노동자계급에게는 지배계급의 비열한 앞잡이로 비춰지는 회색분자라는 얘기다.

따라서 지식인이 회색분자라는 오명을 뒤집어쓰지 않으려면 사회와 자신의 모순을 끊임없이 고발하고, 인간을 억압하는 세상의 모든 부조리와 끝까지 투쟁해야 한다. 그렇지 않으면 사이비 지식인으로 전락한다는 것이 사르트르의 가르침이다. 필자는 남북분단에 얽힌 블랙박스를 풀기 위해 오늘도 노심초사하고 있을 강교수에게 지식인에 대한 사르트르의 경고 메시지를 꼭 들려주고 싶다.

김덕수 · 정현애 박사의 리더십 수첩

▶ 21세기 지식정보화 사회를 선도해야 할 리더들에게는 지식과 지혜가 최고의 무기라고 생각한다. 100만 명이 넘는 이라크의 혁명수비대가 최첨단 무기인 F-117 스텔스 공격기와 토마호크 미사일을 앞세운 미군들에게 맥없이 무너졌다. 노동집약적인 군대로는 정보 및 기술집약적인 군대를 상대할 수 없다는 정글의 법칙을 자연스럽게 입증해 준 셈이다.

▶ 대학교수도 분명히 우리 사회의 여론을 주도하는 리더들이다. 지식을 가진 사람이 지적 오만과 편견으로 일관할 때, 그 사회는 불행해질 수밖에 없다. 지식인들이 정의롭게 행동하고 진정한 선비의 정도正道를 걷게 되면, 정치 리더들도 함부로 국정을 농단하거나 국민들을 기만할 수 없다. 그런 의미에서 한국사회는 언행일치와 자기희생을 실천할 줄 아는 참지식인의 출현을 학수고대하고 있다고 말할 수 있다.

5부

CEO
이순신에게 배우자

1장

위기관리의 리더십,
이순신에게 배워라
Korean Leadership

일본 옛말에 '신참 어부는 폭풍우를 제일 겁내지만 고참 어부는 짙은 안개를 더 두려워한다.'는 말이 있다. 이것은 한치 앞을 볼 수 없게 하는 새벽안개가 '눈에 보이는 폭풍우' 보다 훨씬 더 무섭다는 것을 의미한다.

사실 지식정보화 시대를 살아가는 우리들로서는 어느 누구도 0 과 1의 조합이 엮어내는 디지털의 기본 속성, 즉 빠른 변화와 스피드로부터 자유로울 수 없다. 시장의 경쟁 환경도 급변하고, 기술이나 상품의 수명 주기도 매우 짧다. 어제의 동업자가 하루아침에 경쟁자로 돌변하기도 하고, 그 반대의 경우도 다반사다.

이처럼 지식정보화 시대는 모든 게 불확실하고, 위험스런 일들로 가득 찬 카오스의 시기다. 따라서 지식정보화 시대에 국가나 기업과 같은 거대조직을 이끌어야 하는 CEO들의 최고 덕목은 국민이나 근로자를 행복하고 편안하게 해줄 수 있는 '위기관리의 리더십'이 아닐까 싶다. 지금까지 약 10여 년 동안 이순신이라는 인물을 추적해 온 필자는 미래의 성공을 꿈꾸는 정치 리더들과 오늘을 살아가는 현대인들에게 그 어느 누구보다 위기관리에 탁월했던 이순신의 진면모를 자세히 들려주고 싶다.

:: 앞일을 예측하는 동물적 감각을 지닌 이순신 ::

임진왜란을 목전에 둔 조선 조정의 '일본 읽기'는 한마디로 형편 없었다. 도요토미 히데요시를 면담하고 돌아온 서인 출신의 정사 황윤길은 선조 임금에게 '일본은 있다!'라고 보고한데 반해, 동인 출신의 부사 김성일은 '일본은 없다!'라고 강변했다. 그러나 동인의 거두였던 유성룡이 쓴 《징비록》을 보면, 김성일이 유성룡에게 "도요토미 히데요시가 곧 쳐들어올 것 같다."고 고백하는 대목이 나온다. 국가의 평안과 백성의 안녕보다는 작당하여 '끼리끼리의 횡포'를 즐기는데 광분했던 추악한 당쟁이 조선을 도탄에 빠트렸다는 사실을 재확인시켜 주는 대목이 아닐 수 없다.

한편, 가문의 뒤 배경이나 경제력이 없는데다 성격마저 완고한 원칙주의자였던 이순신은 젊은 시절의 대부분을 미관말직의 신분으로 변방오지를 떠돌게 된다. 그가 조선 역사의 전면으로 급부상하게 된 것은, 임진왜란 발발 14개월 전인 1591년 2월13일에 전라좌수사(정확한 관직 명칭은 전라좌도수군절도사)로 부임하면서부터다.

이순신이 종6품의 정읍현감(지금의 면장에 준하는 직위)에서 정3품의 전라좌수사(현재의 해군 소장에 해당하는 고위관직)로 벼락출세를 할 수 있었던 것은, 왜군의 침략이 임박해지면서 능력 있는 장군이 절대적으로 필요했기 때문이다. 물론 이순신의 어린 시절 지기知己였던 유성룡(당시 그의 직책은 조선에서 서열 3위에 해당되는 좌의정이었다)의 적극적인 천거도 한몫했음을 부인하기 어렵다. 이것을 보면, 예나 지금이나 서로에게 힘이 되어줄 수 있는 좋은 친구를 만나는 것이 인생에서 얼마나 중요한 일인가를 재확인해 볼 수 있다.

이순신이 동인의 거두였던 유성룡과 친밀한 인간관계를 유지하긴 했지만, 그렇다고 해서 그가 당쟁에 가담한 것은 아니었다. 그는 노량해전에서 전사할 때까지 당쟁에 가담하지 않았다. 이것은 아마도 자신의 조부였던 이백록이 정암 조광조와 정치적인 뜻을 함께하다 기묘사화에 연루되어 집안이 풍비박산 났기 때문이 아닌가 한다. 더욱이 이순신이 쓴《난중일기》나 한시漢詩를 상고해 보면, 그가 공리공론에 빠져 '끼리끼리의 횡포'만을 일삼는 문신들에 대해 우호적인 생각을 갖고 있지 않았다는 점을 느낄 수 있다.

한편, 이순신의 '일본 읽기'는 함량미달의 조선 조정과는 달리매우 치밀하고 정확했다. 그는 1587년 2월, 전라도 흥양 지역을 침

범했던 왜군들에게 잡혀갔다가 돌아온 조선인들을 상대로 일본의 실상(병사들의 규모, 훈련방식, 조총을 비롯한 무기의 종류와 성능 등)에 대한 첩보를 입수하고 도요토미 히데요시가 곧 침략해 올 것을 예상했다. 그리고는 조금의 동요 없이 전쟁 준비에 박차를 가했다.

조선 조정의 예산지원이 빈약한 상황임에도 불구하고 그는 선박기술자 나대용을 중용해서 세계 최초의 철갑선鐵甲船이자 불침함不沈艦인 거북선을 건조하게 했다. 역사는 때때로 우리들에게 얄궂은 장난으로 다가오기도 한다. 임진왜란이 일어나기 하루 전인 1592년 4월 12일, 이순신이 거북선의 제작을 완료하고 여수 앞바다에서 거북선에 탑재할 총통의 시험사격을 실시했다는 사실이 《난중일기》에 기록되어 있다. 이것을 보면, 이순신의 위기관리능력이 얼마나 대단한 것이었는지를 쉽게 이해할 수 있다.

맑다. 아침밥을 먹은 뒤, 배를 타고 거북선에서 지자포(지자총통), 현자포(현자총통)를 쏘아 보았다. 순찰사 군관 남공심이 떠났다. 정오에 동헌에 가서 활 10순을 쏘았다. 관청으로 올라가면서 노대석(관청이나 개인집 대문 앞에 놓는 큰 돌로 말을 타고 내릴 때 주로 썼다)이 놓인 것을 보았다.

– 이순신,《난중일기(1592년 4월 12일자)》중에서

또 동서고금을 막론하고 해전사상 23전 23승을 기록한 사람은

이순신이 유일하다. 그와 같은 화려한 전공戰功 속에서도 그의 탁월한 위기관리능력을 유감없이 발휘한 전투가 바로 명량해전이다. 제2대 삼도수군통제사였던 원균이 이끌던 조선 수군이 칠천량 해전에서 와키자카 야스히로의 일본 수군에게 궤멸당한 후, 조선 수군은 전의를 완전히 상실했다. 조선 수군의 연전연승을 가능하게 했던 거북선도 그 해전에서 모두 침몰되거나 완파되었다. 이로써 조선 수군은 임진왜란이 일어난 이래, 최대의 위기를 맞이하게 되었다. 이러한 절체절명의 위기 속에서 이순신이 선택한 것은 다른 사람들의 상상을 뛰어넘는 것이었다. 그는 궤멸된 조선 수군을 부활시키기 위해 합천 땅 초계에서 전라남도 장흥군 회령포에 이르는 왕복 2,000리 길의 대장정에 나섰다.

:: '위험'을 '기회'로 바꾸는 이순신의 위기관리능력 ::

그는 약 한 달에 걸친 고난과 역경의 대장정을 통해 칠천량 해전에서의 패전 이후, 각지에 산발적으로 흩어졌던 장병들을 하나로 결집시키고 각 고을의 실종된 행정력을 복원시킴으로써 민심의 이반離反을 막는 일부터 시작했다. 또 대장정의 과정에서 자신을 따르는 병력이 늘어나자, 그는 군기를 엄정하게 세움으로써 장병들이 위험 앞에서도 기꺼이 싸울 수 있는 의지를 다지도록 했다.

모진 고문의 후유증으로 온몸이 망가진 상태에서 초인적인 자세로 실천한 대장정을 통해 그는 명량대첩의 토대가 되는 판옥선 12척을 회수하는데 성공했다. 즉 칠천량 해전에서 승산이 없음을 깨닫고 일찌감치 전장을 이탈했던 경상우수사 배설(1597년 9월2일, 배설은 명량해전을 앞두고 신병을 핑계로 부대를 무단 탈영했다. 그는 결국 임진왜란이 끝난 1599년 3월6일 고향인 선산에서 체포되어 참형되었다)로부터 넘겨받은 8척의 판옥선을 포함해 12척의 판옥선을 확보했던 것이다.

그렇지만, 조선의 수군은 모두 다 불안에 떨고 있었다. 이순신 휘하의 판옥선은 끼껏해야 13척(원래 이순신이 대장정을 통해 회수한 판옥선은 12척이다. 나중에 파손된 판옥선 1척을 추가로 긴급 수리해 13척이 된 것 같다.《선조실록》에는 명량해전에서 활약한 판옥선의 수가 13척으로 나온다)인데 비해, 일본 수군의 전선戰船 수는 수백 척에 이르고 있었기 때문이다.

명량해전을 앞두고 이순신의 진영에는 두 번의 위기가 연이어 발생했다. 1597년 8월24일, 이순신은 일본 수군의 급습에 대비하기 위하여 13척의 판옥선을 이진에서 어란진으로 이동시켰는데, 군중軍中에서 "왜적이 왔다."고 거짓 정보를 퍼트려 진중을 혼란시키는 비상사태가 발생했다. 그 순간, 이순신은 단호하게 대처했다. 군중의 안정을 위해서 거짓 정보를 흘린 2명의 당포 포작을 붙잡아 참수한 것이다. 이는 1597년 8월25일자《난중일기》에 자세하게 기록되어 있다.

맑다. 어란포에 그대로 머물렀다. 아침을 먹을 때, 당포의 포작이 피난민의 소 두 마리를 훔쳐 와서 잡아먹으려고 거짓으로 왜적이 왔다고 하였다. 나는 이미 그 사실을 알고, 배를 굳게 매고 움직이지 않고 그자들을 잡아오게 했더니 과연 예상한 그대로였다. 이렇게 해서 군중의 인심은 안정시켰으니 경상우수사 배설은 벌써 도망쳐 버렸다. 거짓말을 한 두 사람의 목을 자른 후, 군중에 매달아 널리 보이게 하였다.

― 이순신, 《난중일기(1597년 8월25일자)》 중에서

13척의 이순신 함대에 대한 절체절명의 위기는 1597년 9월7일에 또 다시 찾아왔다. 이순신의 함대가 진도의 벽파진에 머무를 때에 왜선 55척이 어란진에 도착했다. 그리고 13척의 왜선 선봉대가 벽파진으로 공격해왔으나 이순신 함대의 추격을 받고 도주했다. 벽파진으로 돌아온 이순신은 휘하 장수들을 불러놓고, "오늘 밤에는 반드시 왜적의 야습이 있을 것이니 모든 장수들은 미리 알아서 준비를 할 것이며, 조금이라도 군령을 어기는 일이 있으면 군법대로 시행하리라."고 두 번 세 번 거듭 타일렀다.

과연 밤 10시쯤 왜선이 어둠을 이용해 조총을 쏘면서 공격해왔다. 이순신이 탄 대장선이 곧바로 앞장을 서서 지자포를 쏘았더니 왜적도 조선 수군을 당할 수 없음을 깨닫고 황급히 도주했다. 그들

은 이미 한산도 해전에서 이순신 함대에게 참패를 당했던 뼈아픈 기억을 갖고 있는 왜적들이었다. 그 일이 있은 후, 조선 수군은 이순신의 위기관리능력과 일본 수군의 전략전술을 꿰뚫어보는 지략을 믿고 그를 더욱 신뢰하기 시작했다. 13척의 판옥선으로 133척 왜선과 맞서 완벽한 승리를 거둔 명량해전의 신화는 이처럼 위험을 기회로 바꿀 수 있었던 이순신의 탁월한 위기관리능력이 전제되었기에 가능했다고 생각한다.

명량해전은 1597년 9월16일에 현재의 진도대교 아래인 울돌목에서 치러졌다. 일본 수군은 이순신 함대의 궤멸을 목표로, 유명한 해적 출신 장수였던 구루시마 미찌후사(그는 결국 명량해전에서 전사했다)를 선봉장으로 삼아 물밀 듯이 쳐들어왔다. 개전 초기에는 조선 수군의 장수들과 장병들이 일본 수군의 기세에 주눅이 들어 도망칠 생각만 하고 있었다. 이때, 이순신은 일당백의 불퇴전不退戰정신으로 스스로 선봉에 나서 133척의 왜선과 목숨을 건 대접전을 벌이는 자기희생의 솔선수범을 실천했다. 이것을 지켜본 조선 수군은 그때서야 비로소 죽기를 각오하고 총공격을 감행함으로써 승리를 거둘 수 있었으니, 이순신의 위기관리능력은 보통 사람의 경지를 초월했다고 말할 수 있다. 명량해전에서 위력을 발휘했던 이순신의 정신은 크게 '필사즉생 필생즉사必死則生 必生則死(반드시 죽으려 하면 살고, 살려고만 하면 죽는다)'과 '일부당경 족구천부一夫當逕 足懼千夫(한 사람이 길목을 지키면 천 명도 두렵게 할 수 있다)'으로 요약된다.

또 그것은 오늘날 우리가 그의 무덤에서 옷깃을 여미게 하는 이유이기도 하다.

:: 국가를 구하는 대신 가족을 위험에 빠트린 이순신 ::

한편, 명량해전의 승리는 이순신의 가족사에 엄청난 불행을 불러왔다. 명량해전에서 패한 와키자카 야스히루는 그 분풀이로 이순신의 가족을 몰살시킬 계획을 세우고 그것을 실행에 옮기게 된다. 왜군들은 충남 아산을 습격해서 이순신의 본가에 불을 질렀으며, 이순신이 가장 사랑했던 셋째 아들 이면을 죽이는 만행을 서슴지 않았다. 그 당시 이면의 나이는 21세였다. 이순신은 아들을 잃은 자신의 처절한 심정을 《난중일기》에 다음과 같이 기술해 놓았다.

맑다. 새벽 2시쯤 꿈에 내가 말을 타고 언덕 위를 가다가 말이 발을 헛디뎌 냇물 가운데 떨어졌는데, 말이 거꾸러지지는 않았다. 그 다음에 아들 면이 엎드려 나를 안는 듯하더니 깨었다. 무슨 조짐인지 모르겠다. …… (중략) …… 거칠게 겉봉을 뜯고 아들 열이 쓴 글을 보니, 겉면에 '통곡' 두 자가 쓰여져 있었다. 면이 왜적과 싸우다 죽었음을 알고 간담이 떨어져 목 놓아 통곡하였다. 하늘이 어찌 이다지도 어질지 못하는가? 간담이 타고 찢어지는 것 같다. 내가 죽고 네가 사는 것이 이치에 마땅한데, 네가 죽고 내가 살았으니 어쩌다 이처럼 이치에 어긋났는가?
천지가 깜깜하고 해조차도 빛이 변했구나. 슬프다. 내 아들아! 나를 버
리고 어디로 갔느냐? 영리하기가 보통을 넘었기에 하늘이 이 세상에 머
물게 하지 않는 것이야? 내가 지은 죄 때문에 화가 네 몸에 미친 것이
야! 내 이제 세상에서 누구에게 의지할 것이냐!

- 이순신,《난중일기(1597년 10월14일자)》중에서

자신의 조국 조선과 거기서 살고 있는 백성들을 구하기 위해 개
인의 가족적 불행을 담담하게 감내했던 이순신이었기에, 오늘을
사는 우리가 그를 성웅의 반열에 올려놓으려고 하는 것이다. 이순
신! 그는 400여 년 전의 빛바랜 인물이다. 그것도 학식이 많고 지
체가 높았던 문관 출신이 아니라 그들보다 지위가 낮았던 무장武將
출신이다.

하지만 그가 우리들에게 남겨준 정신적 자산은 실로 위대하다.
'위험을 기회로 바꾸는 위기관리능력' 이 그것이다. 또 그는 불확
실하고 위험한 순간일수록 리더가 앞장서서 비전을 제시하고 자기
희생의 모범을 보일 때, 위험은 기회로 변할 수 있다는 교훈을 우
리들에게 던져주고 있다.

▶ 이순신은 '평온할 때 위험을 생각하라.'는 '거안사위居安思危'의 자세를 생활화했던 사람이다. 조선의 대소 신료들이 임진왜란의 발발을 예견하지 못하고 당쟁으로 밤을 샐 때, 이순신은 도요토미 히데요시의 간악한 야욕을 직감하고 거북선의 건조, 판옥선의 개량과 총통의 탑재를 통한 전투능력의 제고, 조선 수군의 훈련 강화 등을 통한 전쟁준비에 철저했다. 경상우수영, 경상좌수영, 전라우수영, 전라좌수영 가운데 가장 전력戰力이 열세였던 전라좌수영이 전란 극복의 주역으로 거듭날 수 있었던 것은 전적으로 이순신의 남다른 위기관리 능력 때문이었다.

▶ 이순신은 평소 지형지물을 답사할 때에도 해당 지역의 특징과 전술적 가치를 체크해 놓았다가 난중일기에다 꼼꼼하게 기록했다. 또 난중일기를 쓰면서 이순신은 그날의 날씨를 제일 먼저 기술했다. 즉 그날의 비, 바람, 햇빛, 눈 등이 이순신의 가장 중요한 관심사였다. 왜냐하면 그날의 일기日氣가 해상 기동작전의 성패와 밀접하게 관련되어 있기 때문이다. 23전 23승을 기록했음에도 불구하고 그는 결코 자만하지 않았으며, 시종일관 침착과 냉정, 그리고 합리적인 사고를 견지했다. 그와 같은 이순신의 위기관리능력은 위험과 불확실성으로 점철된 지식정보화 사회의 디지털 리더들이 정말로 배워야 할 소중한 자산이 아닐 수 없다.

2장

이순신 장군의 8Q 리더십

Korean Leadership

몇 해 전, KBS가 대하드라마 〈불멸의 이순신〉의 첫 방송을 내보낼 즈음, 필자는《맨주먹의 CEO 이순신에게 배워라(밀리언하우스)》를 출간했다. 그것은 역사를 전공하지 않은 필자가 약 10년에 걸쳐 이순신 연구를 1차 결산한 결과물이었다.

이 책에서 나는 이순신의 정신세계를 다음과 같은 '가상의 어록'으로 표현해 보았다. 이 글은 네티즌들 사이에서 널리 회자되고 있기도 하다.

가상의 어록 – 나는 맨주먹의 CEO 이순신이다!

1. **집안이 나쁘다고 탓하지 마라!** 나는 몰락한 역적의 가문에서 태어나 가난 때문에 외갓집에서 자라났다.

2. **머리가 나쁘다고 말하지 마라!** 나는 첫 시험에 낙방하고 서른둘의 늦은 나이에 겨우 합격했다.

3. **좋은 직위가 아니라고 불평하지 마라!** 나는 14년 동안 변방 오지의 말단 수비 장교로 돌았다.

4. **윗사람의 지시라 어쩔 수 없다고 말하지 마라!** 나는 불의不義한 직속 상관들과의 불화로 몇 차례나 파면과 불이익을 받았다.

5. **몸이 약하다고 고민하지 마라!** 나는 평생 동안 고질적인 위장병과 전염병으로 고통 받았다.

6. **기회가 주어지지 않는다고 불평하지 마라!** 나는 왜적의 침입으로 나라가 위태로워진 후에야 마흔일곱에 제독이 되었다.

7. **조직의 지원이 없다고 실망하지 마라!** 나는 스스로 논밭을 갈아 군자금을 만들었고, 스물세 번 싸워 스물세 번 이겼다.

8. **윗사람이 알아주지 않는다고 불만을 갖지 마라!** 나는 끊임없는 임금의 오해와 의심으로 모든 공을 뺏긴 채, 옥살이를 해야 했다.

9. **자본이 없다고 절망하지 마라!** 나는 빈손으로 돌아온 전쟁터에서 13척의 낡은 배로 133척의 왜적을 막았다.

10. **옳지 못한 방법으로 가족들을 사랑한다 말하지 마라!** 나는 스물

의 아들을 왜적의 칼날에 잃었고 또 다른 아들들과 함께 전쟁터로
나섰다.

11. 죽음이 두렵다고 말하지 마라! 나는 왜적이 물러가는 마지막 전
투에서 스스로 죽음을 택했다.

역사에 문외한이었던 필자가 이순신이라는 인물에 대해서 본격
적으로 연구하기 시작한 시점은 1995년 10월이다. 당시 도쿄의 신
바시 지역에 머물고 있었던 필자는 일본인들이 오래전부터 이순신
연구회'를 결성해서 그의 삶과 사상, 전략과 전술, 가치관 등을 체
계적으로 공부하고 있다는 사실을 알고 큰 충격을 받았다.

그 후, 필자는 평생 동안 이순신을 연구하겠다고 마음먹게 되었
다. 이는 고등학교 시절 국어 선생님으로부터 우연히 들은 고故 양
주동 박사 때문이기도 하다. 양주동 박사와는 한 번도 만난 적이 없
지만, 그에 대한 얘기는 지금도 필자의 뇌리에 단단히 박혀 있다.
원래 양주동 박사의 전공분야는 향가鄕歌가 아니었지만, 일본인들
이 향가 연구에 몰두하는 것을 보고 충격을 받았다고 한다. 그 이후
부터 그는 향가 연구에 정진해서 그 분야의 독보적인 존재가 되셨
다. 필자도 양주동 박사처럼 하고 싶었다.

필자는 틈틈이 이순신과 관련된 국내외 문헌들과 학위논문들을

모으면서 그 내용을 정리해 나갔다. 또 시간이 허락하는 대로 전적지 답사도 게을리하지 않았으며, 현충사를 수십 차례 방문해 그분이 남겨놓은 유물과 유품들을 세밀하게 관찰하고 연구했다. 아산시 음봉면 어라산 기슭에 있는 이순신의 묘소를 찾아가 그분의 영혼을 위로하고 오랫동안 무언의 대화를 나누면서 그분께서 우리 후손들에게 물려준 정신적 유산을 찾기 위해 열심히 매달렸다. 약 10년에 걸친 연구를 통해 필자는 이순신이야말로 지나간 역사 속에 화석처럼 묻힌 존재도, 어설픈 '전쟁 영웅화 작업'으로 박제화 된 영웅도 아니라는 사실을 깨닫게 되었다.

그의 삶과 사상은 임진왜란 때보다 더욱 치열한 '경제전쟁'을 벌여야 하는 지금에도 여전히 의미가 있으며, 그의 전술과 전략은 당시보다 더욱 유용하게 쓰일 수 있다는 점도 뼈저리게 느꼈다. 더욱 놀라운 것은 16세기의 이순신에게서 21세기에 요구되는 디지털 인재의 속성이 아주 많이 발견된다는 점이다. 4세기 전의 무장武將이 21세기의 디지털형 인재라는 점과 그가 21세기 우리나라 정치 리더들이 본받아야 할 디지털 리더십의 소유자란 사실은 매우 놀라운 일이 아닐 수 없다.

여기에서 필자는 우리나라 정치 리더들이 꼭 알아야 할 이순신의 8Q 리더십에 대해 간략하게 소개하고자 한다.

:: 누구도 감히 범접할 수 없는 이순신의 8Q 리더십 ::

첫째, 이순신은 다양성지수(MQ, Multi Quotient)가 뛰어난 르네 상스형 멀티 플레이어였다. 그는 르네상스 시대의 레오나르도다빈 치와 같이 다방면의 재주꾼이었다. 즉 그는 육전과 해전에 모두 능 했고, 전략과 전술에도 조예가 깊었으며, 활쏘기와 문학에서도 천 부적인 재능을 발휘했던 인물이다. '한산섬 달 밝은 밤에……'로 시작하는 〈한산도가閑山島歌〉를 보면, 그의 뛰어난 문학적 자질과 섬 세한 감수성의 깊이를 잘 알 수 있다. 그가 남다른 문학적 소양을 갖고 있었기 때문에, 당초 육전에서 활용되던 학익진 전법을 한산 도해전에서 응용할 수 있었던 것이 아닌가 추측한다.

둘째, 이순신은 열정지수(PQ, Passion Quotient), 즉 혼魂의 정신으 로 조국의 바다를 완벽하게 지켜냈다. 이순신의 정신세계를 지배했 던 혼의 정신은 그가 남긴 여러 명언에서 선명하게 드러난다.

'신에게는 아직도 12척의 배가 있습니다. 죽기를 각오하고 싸운 다면, 적들도 우리를 업신여기지 못할 것입니다', '이 원수를 무찌 른다면 지금 죽어도 한恨이 없겠습니다!(최후의 결전인 노량해전을 앞 두고 판옥선의 갑판에서 천지신명께 기도했던 글)', '전투가 급하다! 나 의 죽음을 알리지 마라'와 같은 그의 말에서 우리는 그가 혼의 화 신化神임을 느낄 수 있다. 불꽃같은 열정으로 초인적인 삶을 살다가 극적인 최후를 맞이했기에, 지금까지도 세인들이 그의 무덤 앞에서 옷깃을 여미며 추모하는 것이다.

셋째, 이순신은 탁월한 감성지수(EQ, Emotional Quotient)로 견고한 휴먼 네트워크를 구축하는데 성공했던 따뜻한 인물이었다. 그는 조실부모한 어린 조카들을 친자식 이상으로 보살피고 가르쳤으며 결혼까지 시켜주었다. 또 자신을 따르는 군졸들과 백성들을 따뜻하게 먹이고 재우고 입히는 문제에 대해서 많은 노력을 했던 사람이다. 그것은 '비록 전투는 군인이 하지만, 전쟁은 백성들과 혼연일체가 되어야만 승리할 수 있다'는 그의 신념 때문이었다. 이순신의 따뜻한 인간미에 감동한 백성들은 조선 수군을 돕는데 적극 동참했다. 그에게는 적정敵情에 대한 첩보를 제공해준 사람들(당항포해전 때의 김모 및 강탁, 한산도해전 때의 김천손 등)과 병력 지원이나 물질적 지원을 아끼지 않은 사람들(명량해전 때의 오익창, 조정, 마하수 등)이 많았다. 그것은 이순신이 섬세한 감성지수로 백성들과의 휴먼 네트워크에 성공했음을 보여주는 단적인 증거라고 생각한다.

넷째, 이순신의 정보지수(IQ, Information Quotient)는 타의 추종을 불허할 만큼 완벽했다고 판단된다. 그는 독수리의 눈과 거미의 눈을 동시에 구비하고 있었던 인물이다. 즉 거시적인 측면에서 뿐만 아니라 미시적인 측면에서도 왜적에 대한 적정敵情 및 전략 전술, 함대의 이동상황, 전황戰況 등을 꿰뚫어 보고 있었다.

정보에는 2가지 유형이 존재한다. 하나는 U2 정찰기, E-2C와 같은 공중조기경보통제기(일명 AWACS기), 군사용 첩보위성과 같은 최첨단 장비를 이용해 적군의 병력이나 전력戰力을 감지하는 시그 널 정보(SI, Signal Information)다. 다른 하나는 휴먼정보(HI, Human Information)로서, 이는 사람들간에 긴밀한 정서적 교감을 통해 적군 에 대한 전략 전술, 전력戰力, 적군의 심리상태 등을 알아내는 것을 의미한다. 그런데 이순신은 휴먼정보에 기초한 정보 획득에 있어서 는 신기에 가까운 재능을 가졌던 인물이다. 그는 함대를 편성할 때 도 반드시 척후장이라는 직책을 두어 활용했으며, 주요 해전일 경 우에는 함대의 좌·우측면에 척후장을 배치시켜 왜적의 급습에 대 비했으며 첨사(오늘날의 준장급에 해당되는 직책)나 만호(오늘날의 중 령급에 해당되는 직책)급의 고급 장수를 척후장에 임명했다. 이는 이 순신이 그만큼 정보를 중요하게 여기고 있었음을 시사한다.

다섯째, '세계 최고', '세계 최초'의 정신을 지향했던 그의 창의 력지수(OQ, Originality Quotient)는 불패의 신화를 낳았던 거북선의 창조에서 그 절정에 도달했다. 또 그는 함대 운영에 대한 정부의 지 원이 부족하자 청어 잡기, 소금 굽기와 같은 어업 활동과 둔전 경 영, 그리고 해로통행첩의 발행과 같은 아이디어를 개발해 군자금을 확보했다. 그렇게 해서 모은 돈으로 장병들의 의식주를 해결하고, 전선戰船의 건조, 총통의 제작, 화약 및 염초의 생산에 충당했다. 러 일전쟁 때, 러시아 제국이 자랑하는 천하무적의 발틱함대를 궤멸시 킨 일본의 유명한 해군 제독인 도고 헤이하치로 제독은 "영국의 넬 슨 제독은 군신軍神이라고 부를만한 인물이 못된다. 세계의 해군 역사에서 군신으로 존경받을 수 있는 제독이 있다면, 그것은 이순신 뿐이다."라는 말을 남겼다. 이것은 영국 정부의 강력한 지원 하에 전투를 수행하여 승리를 거둔 넬슨 제독은 조정의 지원이 아주 빈약한 상태에서 창의적인 방법으로 군자금을 모으면서 불패의 신화를 일궈낸 이순신과 비교대상이 되지 못한다는 얘기이기도 한다.

그렇다면, 이순신의 뛰어난 창의력 지수는 어디에서 나온 것일까? 필자는 그에 대한 해답을 《난중일기》에서 찾을 수 있었다. 이순신이 생존해 있을 당시에는 요즘처럼 주 5일제나 주 6일제 근무가 보편화되지 않았다. 《난중일기》를 보면, 이순신이 나라의 제삿날(역대 왕이나 왕비의 기일을 의미)이나 자신 집안 제삿날에는 관청에 나가 공무를 보지 않고 휴식을 취했다는 내용이 자주 등장한다. 주기적으로 충분한 휴식을 취한 데다 평소 많은 문제의식을 갖고 있었기 때문에 그의 창의력 지수가 높았던 것으로 평가된다. 실제로 《일 잘하는 사람들의 휴식 습관》이라는 책의 저자 제임스 조셉은 "좋은 휴식이야말로 자신감 넘치는 여유, 고도의 집중력과 창의력의 발현, 새로운 동기 유발, 기억력 향상, 정보에 대한 객관적 접근, 새로운 기술과 지식의 연상을 가능하게 한다."라고 얘기한 바 있다. 나름대로 일리 있는 말이라고 생각된다.

여섯째, 이순신은 민족문화유산으로 대접받을 만한 《난중일기》를 집필했던 기록지수(RQ, Record Quotient)의 대가였다. 《난중일기》는 한 인간으로서의 고뇌와 사생활은 물론 조국의 바다를 지키며 왜군을 섬멸하는 자신과 조선 수군의 활약상을 자세히 기록한 명문名文으로 구성돼 있다. 또 《난중일기》에는 당시의 생활상과 군대내 보직자의 이름은 물론 그들의 근무 자세까지 매우 소상히 적혀 있다.

오늘을 사는 우리들은 《난중일기》를 통해 당시의 전시행정체제, 해전을 위한 준비상황과 승리의 과정, 조선 수군의 직제職制, 백성들의 생활모습, 죄인들에 대한 형벌 등을 일목요연하게 파악할 수 있다. 이순신은 해전을 치른 날 밤에도 장병들을 재워놓고 등불 앞에 홀로 앉아 일기를 쓰면서 하루를 반성하고 내일을 기약하는 자세로 자신의 마음을 다부지게 가다듬었을 것이다. 지구상에 존재했던 수많은 장군들 가운데 이순신과 같이 자신을 철저하게 기록했던 사람이 있었는가? 단언하지만, 그런 영웅은 일찍이 존재하지 않았다. 이순신이 보통사람들과 다른 이미지의 인물로 다가오는 것도 그 때문일 것이다.

한편, 이순신의 정신세계에서는 '큰칼長劍'로 대변되는 남성적인 '무武'의 세계와 '달'로 상징되는 여성적인 '문文'의 세계가 갈등을 빚지 않고 조화를 이루고 있다. '큰칼'이 공문公文과 장계狀啓의 산문이었다면, '달'은 《난중일기》와 시문의 운문이었다고 말할 수 있다. '큰칼'의 세계에서 이순신은 이 세상에서 제일가는 전쟁영웅이었다. 그러나 '달'의 세계에서 이순신은 섬세한 문학적 감수성을 지닌 문사文士였고 우수에 젖은 나약한 인간이었다. 우리가 '큰칼'

을 휘두르며 왜적의 목을 베는 전쟁영웅으로서의 이순신만 기억한다면, 그것은 이순신의 반쪽 모습만 바라보는 우愚를 범하게 되는 것이다.

일곱째, 혼탁한 세상에 한층 빛을 발하는 이순신의 도덕지수 (MQ, Moral Quotient)가 우리를 숙연하게 만든다. 그는 '어항 속의 금붕어'처럼 투명한 사람이었다. 일생동안 공사公私가 분명했고, 언제나 공을 사보다 우선시했다. 그는 고향에 근친을 갔다 올 때도 부대에서 배급받아 가지고 갔던 양식이 남으면 부대로 가지고 돌아와서 반납했다. 발포 만호시절에는 자신의 직속상관이었던 전라좌수사 성박이 객사의 뜰에 서 있는 오동나무를 베려하자 그것이 나라의 물건임을 이유로 베지 못하게 했으며, 자신의 덕수 이씨 종친이었던 이율곡이 사람을 보내 인사상의 도움을 주려하자 정중하게 거절했던 일화는 그가 진정한 청백리였음을 보여주기에 조금도 부족하지 않다.

그는 막강한 권한을 가진 삼도수군통제사였음에도 불구하고 자신의 아들을 전장으로 내보내는데 조금도 주저하지 않았으며, 심지어 셋째아들 이면은 왜적과 맞서다가 전사를 당하는 비운의 가족사를 경험하기도 했다. 이처럼 솔선수범하는 그의 자기희생이 전제되었기에, 민초들이 그의 명령에 자신의 목숨을 초개처럼 버릴 수 있었고, 모든 전투에서 승리할 수 있었던 것이다.

여덟째, 이순신은 남다른 변화지수(CQ, Change Quotient)로 위기를 기회로 바꿔놓는 데 뛰어난 능력을 발휘했던 인물이었다. 그는 주변의 상황 변화를 정확하게 예견하고 탄력적으로 대응할 수 있는 유비무환의 자세를 갖고 있었다. 임진왜란의 발발을 일찌감치 예상하고 빈틈없는 전쟁 준비에 박차를 가했기 때문에, 판옥선의 보유 숫자나 수군의 숫자 면에서 가장 전력이 약했던 전라좌수영의 조선 수군이 개전 초기부터 승전고를 울릴 수 있었다.

또 이순신은 끊임없는 정찰과 탐망 활동을 통해 왜군의 예상 침투로와 예상 침투 날짜까지 가늠하여 만반의 전투 대비 태세를 갖춤으로써 불패의 신화를 창조할 수 있었다. 중국의 고서인《중용中庸》을 보면, 유비무환과 관련된 2개의 명언이 나온다. '준비가 기회를 만날 때 행운이 찾아온다' 와 '준비를 갖추면 근심이 없다' 이다. 필자에게 있어 이 말은, 미래를 예측하여 부족한 점을 미리미리 대비했던 이순신을 두고 하는 극찬처럼 다가온다. 그런 탓인지는 몰라도 이순신은《난중일기(1594년 5월10일자)》에 앞으로의 전쟁에 대한 나름대로의 강한 자신감을 이렇게 피력하고 있다.

비가 계속해서 내렸다. 새벽에 일어나서 창문을 열고 멀리 바라보았더니 수많은 우리 배가 온 바다에 깔려 있었다. 적이 비록 쳐들어 오더라도 쳐부술 수 있을 것이다. 늦게 우우후와 충청수사가 와서 장기를 겨루었다.

– 이순신,《난중일기(1594년 5월10일자)》중에서

우리는 이순신을 통해 앞으로 들이닥칠 일을 사전에 예견할 수 있는 리더를 갖고 있는 국가나 조직은 절대로 붕괴지 않는다는 사실을 실감할 수 있다. 만약 이순신과 같은 리더가 출현해 대한민국의 대통령이 된다면, 그날부터 우리나라는 희망이 생겨날 것으로 믿어 의심치 않는다. 이순신! 그는 우리 역사에서 보기 드문 변화지수의 대가였다.

▶ 이순신의 정신세계를 한마디로 표현한다면 '담욕대이심욕소澹欲大而心欲小'가 가장 적합할 것 같다. 이 글귀는 '담력은 세게, 그러나 마음은 세심하게 한다'라는 의미인데, 대담大膽과 세심細心은 상호 모순되는 개념처럼 보여지지만 이 두 가지를 공유하지 않으면 큰 업적을 남길 수 없음을 입증해 준 사람이 다름 아닌 이순신이다. 대담이란, 극한 상황에 처했을 때 그것을 담담하게 극복할 수 있는 불굴의 신념과 투철한 감투敢鬪정신을 말한다. 또 세심이란 어떤 일을 추진할 때, 면밀한 사전조사와 신중한 자세로 자신이 맡은 책임을 성실하게 완수하는 것을 의미한다. 그런데 이순신은 이 두 가지 개념을 적절하게 조화시킴으로써 풍전등화 속의 조선을 구해내는 역사적인 책무를 완벽하게 수행했다.

▶ 대담과 세심이라는 상반된 특성을 고루 갖췄던 이순신의 정신세계를 3개의 문구로 표현한다면, 아마도 '내일은 내일의 해가 뜨는 법이다.', '싸워서 얻은 게 아니면 진정으로 내 것이 아니다.', '젖은 성냥으로는 불을 켤 수 없다.'로 요약할 수 있을 것이다. 즉 초연한 마음가짐으로 최선을 다했던 무심無心과 무욕無慾의 자세, 평생 동안 무임승차를 기대하지 않았던 진실성, 자신이 맡은 임무의 완수에 목숨을 걸었던 혼의 정신이 이순신을 가장 이순신답도록 만들어준 아이덴티티였다.

3장

23전 23승의 불패신화와
이순신의 지혜
Korean Leadership

세인들은 지금 우리가 살고 있는 세상이 지식정보화 사회라고 말한다. 이와 관련해 이따금씩 필자는 학생들에게 이런 질문을 던지곤 한다.

"요즘 지식정보화란 말을 많이 하는데, 지식이 뭐고 정보가 뭔지 아는 사람? 또 지식과 지혜의 차이를 정확하게 설명해 볼 사람? 우리가 자주 말하는 데이터(자료)와 정보에 대한 정의를 내려볼 사람 있어요?"

이때 대다수의 학생들은 침묵으로 일관한다. '모난 돌이 정 맞는다.'라든가 '모를 때는 아예 중간에 서 있는 게 상책이다.'라는 불량 소프트웨어가 학생들의 정신세계에서 작동되고 있기 때문이다.

어쩌다가 의기양양하게 대답을 하는 학생들도 있긴 하지만, 정답

과는 거리가 멀 때가 많다. 필자가 생각하는 그들 간의 차이점을 알기 쉽게 요약하면 다음과 같다.

:: 데이터, 정보, 지식, 지혜의 차이는 무엇일까?
::

우선 '현상에 대한 실제 자료'나 '사실(Fact)'이 데이터라고 생각된다. 가령, 바위들로 구성된 큰 산이 있다는 사실이 데이터라는 얘기다. 그리고 정보(Information)는 데이터보다 한 단계 더 가치가 있는 것을 말한다. 일례로 바위산을 탐사하는 과정에서 거대한 금광맥을 발견했다면, 그것이 정보라는 얘기다.

지식(Knowledge)은 정보보다도 더 많은 가치를 내포하고 있어야 한다. 앞의 사례에서 살펴본 금광맥에서 금광석들을 채취한 후, 가공 및 제련과정을 거쳐 양질의 금을 대량으로 추출해냈다면 그것이 다름 아닌 지식이다. 지혜(Wisdom)는 지식보다도 차원 높은 개념으로서 이윤 및 소득 증대, 부가가치 제고 등, 한국을 선순환적善循環的으로 변화시킬 수 있는 새로운 사회적 가치를 창출할 수 있는 에너지라고 정의할 수 있다. 가령, 금광석에서 추출한 금을 가지고 부가가치가 높은 상품(반도체, LCD TV, 금 세공품 등)을 만들면서 새로운 일자리 창출과 기업의 가치를 업그레이드시키는 것이 필자가 생각하는 지혜의 개념이다.

또 지식과 지혜간의 차이를 재미있게 설명해줄 수 있는 유명한 일화逸話가 있기에 그것을 소개해 보고자 한다. 임진왜란 당시, 승병을 조직해서 국난 극복에 앞장섰던 서산대사와 사명대사의 이야기다.

하루는 두 스님께서 먼 길을 떠나셨다. 한참을 걸어갔을 때, 황소와 검은 소 두 마리가 풀밭에 앉아서 풀을 뜯고 있었다. 길을 걷던 사명대사가 서산대사에게 "대사님! 저기에 앉아 있는 황소와 검은 소 가운데 어떤 소가 먼저 일어나겠습니까?"라고 물었다. 그러자 서산대사는 "자네가 먼저 얘기를 해 보시게."라고 대답했다. 사명대사가 점괘를 짚어보니까 '불 화火' 자가 나왔다. 그는 '불'이 빨간색이라는 점을 고려하여 "붉은 색깔의 황소가 먼저 일어날 것 같습니다."라고 말했다. 그의 말을 듣고 있던 서산대사께서는 "아니다. 검은 소가 먼저 일어날 것이다."라는 말을 하면서 갈 길을 재촉했다.

그 순간, 사명대사는 '서산대사가 날 한번 시험해 보는 것이 아닌가?' 하는 생각이 들었다. 그래서 "대사님! 두 마리의 소 가운데 한 녀석이 일어날 때까지 기다려 보십시다."라고 제안했고 서산대사는 흔쾌히 승낙을 했다. 두 사람은 소 주변에서 한참 동안을 기다렸다. 그런데 오랫동안 앉아서 되새김질을 하고 있던 소가 한 마리 벌떡 일어났는데 그것은 다름 아닌 검은 소였다. 즉 서산대사의 예상이 적중한 것이다. 깜짝 놀란 사명대사가 "대사님! 분명히 점괘는 '火' 자였는데, 어찌하여 검은 소가 먼저 일어난 것일가요?"라고 묻자 서산대사께서는 입가에 엷은 미소를 지으시며 나지막한 음성으로 대답했다. "이 사람아, 본래 불이란 것은, 검은 연기가 난 뒤에 활활 타오르지 않던가? 그래서 검은 소가 먼저 일어난다고 말했을 뿐이네."

두 스님은 다시 길을 떠났다. 해질 무렵이 다 되었을 때, 주막집 하나가 눈에 들어왔다. 사명대사가 "스님, 오늘은 저 주막집에서 하루를 묵어가시지요?"라고 말하자 서산대사도 "그러세." 하고 대답했다. 두 스님이 주막집에 도착하자, 주인이 나와 그들을 반갑게 맞이했다. 그런데 집주인은 그들이 조선 제일의 스님임을 알아채고는 얄궂은 객기가 발동했던 모양이다. 그는 부엌으로 들어가서 하녀에게 "오늘 저녁으로 칼국수를 삶으라."고 주문해 놓고는 밖으로 나와 두 스님에게 "스님, 오늘 저녁에 제가 대접할 음식이 무엇인지, 한번 알아맞혀 보시지요?" 하고 질문했다.

그러자 서산대사께서 사명대사에게 "이번에도 자네가 먼저 말해 보시게."라고 제안했다. 사명대사는 또 다시 점괘를 짚어보았다. '뱀 사巳' 자가 나왔다. 그는 머릿속으로 "뱀을 연상시키는 음식이 무엇일까?" 하고 고민하다가 문득 가늘고 긴 모양의 칼국수를 뇌리에 떠올렸다. 그는 서산대사께 "대사님, 오늘 저녁의 메뉴는 칼국수일 것 같습니다."라고 말했다. 그러자 서산대사는 "아닐세. 오늘 저녁은 아마도 수제비가 나올 것이네."라고 말하는 것이 아닌가! 주막집 주인은 '스승이라는 자가 뭐 저래. 서산대사는 연세나 경력 면에서 한참 아래인 사명대사만큼도 안 되는군!' 하면서 부엌에 들어가 보았다.

그런데 부엌에 들어간 주막집 주인은 깜짝 놀랐다. 하녀가 "칼국수를 삶으라."는 주인의 말을 듣는 것까지는 좋았는데, 물을 지나치게 적게 붓고 칼국수를 삶는 바람에 칼국수가 서로 엉겨 붙어 수제비가 되고 말았기 때문이다.

주막집 주인이 저녁식사로 수제비를 내오자, 이번에도 사명대사가 놀라자빠졌다. "대사님, 어떻게 이런 일이 일어날 수 있지요?"라고 묻자, 서산대사께서는 또 다시 입가에 엷은 미소를 머금으며 다음과 같이 대답했다. "지금이 대낮이라면 뱀이 자신의 몸을 길게 늘어트리고 왕성한 활동을 하기에 칼국수가 나오겠지만, 지금은 뱀이 똬리를 틀고 휴식을 취하는 저녁 시간이 아닌가? 따라서 뱀이 똬리를 튼 모양의 수제비가 나오게 된 것이네."

서산대사의 말에 사명대사와 주막집 주인은 더 이상 할 말을 잃고 말았다.

이 일화를 통해 우리는 점괘를 짚어보는 기술, 즉 지식에 있어서는 두 대사가 비슷한 능력을 가졌다고 말할 수 있다. 하지만 점괘를 해석하는 능력, 다시 말해 세상의 운행이치를 파악하고 그것을 현실에 적용하는 지혜의 측면에서는 서산대사가 사명대사보다 한 수 위였다는 사실을 알 수 있다. 그것이 바로 지혜의 위력이다.

로마제국을 통치한 현군이며 학자였던 마르쿠스 아우렐리우스는 자신의 명상록에서 리더가 가져야할 네 가지 절대덕목으로 지혜(Wisdom), 정의감(Justice), 강인성(Fortitude), 절제력(Temperance)을 지적한 바 있다. 이순신은 마르쿠스 아우렐리우스가 언급한 네 가지 절대덕목을 완벽하게 구비한 조선 제일의 리더였다. 그 중에서도 이순신의 지혜는 23전 23승의 불패신화를 가능하게 했던 핵심 요인이었다.

일반적으로 지혜는 '선순환적 변화를 통해 새로운 가치를 창조하는 것'만을 의미하지는 않는다. 조직이 처해있는 현황에 대한 냉철한 인식과 조직의 발전을 위한 니드(Need)를 결합시켜 최적의 의사결정을 내릴 수 있는 능력도 지혜에 해당된다.

이순신의 남다른 지혜는 해전을 앞두고 자신의 불안한 내면세계를 다스리기 위해 수시로 점占을 쳤던 사실에서 잘 드러난다. 그가 주로 쳤던 점은 괘효사주점卦爻四柱占이었다. 그것은 사주(생년, 월, 일, 태어난 시간)의 간지干支를 계산해 얻은 수를 역경易經의 64괘卦와 6효爻를 384가지로 조합해서 길흉을 판단하는 것인데, 점괘를 짚는 그의 능력이 매우 출중했던 것으로 판단된다. 이순신은 좋은 점괘가 나오면 용기백배의 자세로 싸우고, 불리한 점괘가 나오면 전투에 임하지 않거나 소강상태로 몰고 가는 전술을 구사했다. 이처럼 주도면밀한 그의 성격이 결국 선조 임금이나 전장戰場의 라이벌이었던 원균에게 겁쟁이나 비겁한 장군으로 매도되는 단초가 되었으니 안타까운 마음을 금할 길 없다.

현대인들은 점占치는 것을 미신으로 간주하고 얕잡아보거나 터부시한다. 그러나 《지봉유설》의 저자인 이수광은 "의약醫藥은 죽음에서 삶을 구하는 것이고, 점占은 흉을 피하고 길함을 쫓는 일이다. 그 시초는 모두 성인에게서 나왔으니 진실로 이것을 소홀히 할 수 없다."라고 설파했다. 이는 옛날의 정치 리더들에게 점치는 능력이 매우 중요했음을 시사해준다. 실제로 조선 시대 성리학의 양대 기둥이었던 퇴계 이황이나 율곡 이이 같은 분들도 점성술에 관해서도 해박한 지식을 갖고 있었다.

그도 그럴 것이 옛날의 정치 리더들은 현대의 정치 리더들과 마찬가지로 고독한 상황 속에서 국정운영과 관련된 고도의 정치적 의사결정을 해야만 했다. 그래도 현대의 정치 리더들은 디지털 지식으로 무장한 참모들이 제안하는 다양한 의견과 최첨단 정보수집 채널을 풀 가동시켜 얻은 정보를 토대로 의사결정을 한다.

그러나 옛날의 정치 리더들에게는 그런 것이 아예 존재하지 않았다. 그래서 그들은 우주의 운행이치를 따져보는 점성술에 의존할 수밖에 없었다. 전쟁을 해야 하는가, 아니면 하지 말아야 하는가? 세금은 올려야 하는가, 아니면 내려야 하는가? 불손한 저 신하를 죽여야 하는가, 아니면 귀양을 보내는 선에서 벌을 내려야 하는가?

자신의 정치적 운명이나 가족의 질병은 어떻게 전개될 것인가? 등등 정치 리더들은 여러 가지 상황에 대비하는 차원에서 주역周易이나 각종 점성술 습득을 위해 많은 노력을 경주했던 것으로 보인다.

조선 수군의 최고 지휘관이었던 이순신 역시 점성술에 대해 나름대로 전문가 수준의 고급 지식을 갖고 있었던 것이 분명하다.

또 그는 자신의 관할 지역을 순시할 때도 그 지형을 철저하게 살펴보고, 그 내용을 《난중일기》에 기록해 두었다가 해전에 활용했던 실사구시實事求是의 지휘관이었다. 하찮은 지형지물에 대해서조차 철저하게 분석했던 그의 지혜는 1592년 2월27일자, 그리고 1597년 6월4일자 《난중일기》에서 찾아볼 수 있다. 이것을 보면, 왜 우리는 정치 리더들이 기록에 신경을 써야만 하는지를 알 수 있다. 여기서 우리들은 '기록이야말로 부실의 천적이다.'라는 값진 교훈을 얻을 수 있다.

> 흐리다. 아침 점검을 마친 뒤에 북쪽 봉우리로 올라가 지형을 살펴보았다. 외톨이로 떨어진 섬이라 사방으로 적의 침입을 받을 터인데, 성과 해자가 몹시 엉성하여 참으로 걱정스러웠다. 비록 첨사가 애는 썼으나 미처 시설을 갖추지 못하였으니 어찌할 것인가?
>
> – 이순신, 《난중일기(1592년 2월27일자)》 중에서

> 개연介硯(속칭. 개벼루)으로 오는데, 기괴한 바위가 천 길이나 되고

굽이도는 강물은 깊기도 하며, 길은 험하고 위태로웠다. 만일 이 험한 곳을 지킨다면 만 명이라도 지나가기 어려울 것이다. 여기가 초계 땅 모여곡이다.

– 이순신,《난중일기(1597년 6월4일자)》중에서

그뿐만이 아니다. 이순신은 '전투는 군인이 하지만, 전쟁은 백성들과 함께 해야 이길 수 있다.' 는 신념을 가지고 있었다. 그는 유목민의 세계에서 통용되는 '안나(평생 친구를 의미)' 와 '너커르(평생 동지를 의미)' 와 같은 긴밀한 관계를 부하 장졸이나 백성들과 견고하게 맺었다. 게다가 왜 수군에 비해 열세劣勢함대를 운용하고 있던 이순신은 왜군의 지대支隊를 야금야금 파괴시켜 나가는 정석 플레이로 승기勝機를 잡아나가면서 피곤에 지친 부하들과 백성들의 안위부터 철저하게 챙겨주었다. 전투에서 이기고 있음에도 불구하고 부하들과 백성들의 안위가 염려되면 미련 없이 후퇴하여 다음을 기약할 줄 알았던 장군이었다.

또 그는 '아는 것이 힘' 이라는 사실을 누구보다 명확하게 인식했던 리더였다. 그는 《손자》나 《오자》와 같은 병법서는 물론 유성룡이 보내준 《증손전수방략增損戰守方略》이란 책을 마스터하고 그것을 자기지식으로 만들어 최상의 전술전략을 짜는데 활용했던 사람이었다. 그에게 있어 리더(Leader)는 곧 리더(Reader)였으며, '1페이지를 읽은 사람은 2페이지를 읽은 사람의 노예가 된다.' 는 점을 누구보다 정확하게 직시했던 지장智將이었다.

이순신의 지혜가 빛을 발하고 있는 또 하나의 대상은 '한산도 활터'다. 필자는 이순신의 리더십을 연구하면서 여러 곳을 방문해 보았는데, '한산도 활터'가 가장 인상적이었다. 그곳은 이순신이 부하 장수들과 활쏘기 연습에 열중했던 곳으로, 그곳의 지형적 특성을 살펴보면 그가 얼마만큼 전투 준비를 철저하게 했는가를 알 수 있다.

왜군의 개인 화기가 조총이라면, 조선 수군의 개인 화기는 활이었다. 그런데 활로 적을 명중시키려면 적과의 거리부터 정확하게 측정해야 한다. 그러나 드넓은 바다에서는 거리 감각이 무뎌져서 왜선倭船에 승선한 왜군을 정확하게 공격한다는 게 무척 어렵다. 이런 문제를 해결하기 위해 이순신은 바닷물을 사이에 두고 활을 쏘는 곳과 과녁을 배치할 수 있는 곳을 활터로 개발했는데, 그곳이 바로 '한산도 활터'다. 또 그러한 활터는 국내에는 그곳이 유일하다고 한다. 지금도 '한산도 활터'에 가 보면 임진왜란을 목전에 두고 치열한 삶을 살았던 이순신의 고뇌와 백성들에 대한 충정忠情이 눈물겹도록 다가온다.

만약 현대의 정치 리더들이, 나라와 백성을 사랑하고 염려했던 이순신의 정신을 천분의 일만이라도 실천한다면 대한민국은 그날부터 몰라보게 달라질 것이다. 그러나 불행하게도 우리 주위를 둘러보면, 그럴만한 정치 리더가 보이지 않는다. 필자에게는 불현듯 깊은 시름에 잠긴 채, 《난중일기》를 쓰면서 풍전등화 속의 조선을 진심으로 걱정하며 대비책 마련에 밤을 지새웠을 이순신의 모습이 아련하게 떠오른다.

비가 왔다. 종일 큰 바람이 불었다. 초저녁에 촛불을 밝히고 혼자 앉아 스스로 생각하니 나랏일이 진창이 되었건만 안으로 건질 길이 없다. 어찌 할꼬, 어찌 할꼬.

– 이순신, 《난중일기(1594년 9월3일자)》 중에서

▶《전국책》을 보면 '우자암어성사 지자견우미맹愚者闇於成事 智者見于未萌'이라는 글귀가 나온다. 이는 '어리석은 자는 어둠 속에 있던 사물의 형태가 이미 밝음 속에 드러났음에도 불구하고 미처 깨닫지 못하는 반면, 지혜로운 사람은 아직 징조가 보이지 않는 데도 그것을 꿰뚫어 볼 줄 안다'는 뜻이다.

▶ 국가나 조직을 이끌고 가야 하는 리더라면, 당연히 미맹에서도 멀리보고 미리미리 대비하는 유비무환의 자세를 가져야 한다. 그래야만 백성들과 조직 구성원들의 삶이 평안해질 수 있기 때문이다. 우리 역사에서도 미맹을 알아차리지 못했던 리더들이 있었다. 임진왜란을 예견하지 못했던 선조, 해외 열강들의 식민지 개척 전략을 미처 깨닫지 못했던 고종과 흥선대원군, 달러의 향방을 정확하게 알아차리지 못하고 '신한국 건설'만을 외쳤던 YS가 대표적인 인물이다. 또 이들은 백성들에게 참기 어려운 고통을 안겨주었다는 공통점이 있다. 앞으로 회전의자의 주인공을 꿈꾸는 예비 리더들은 역사 속에서 실패한 인물로 전락한 사람들, 즉 선조, 고종, 흥선 대원군, YS의 과오나 전철을 밟지 않도록 노력해야 한다.

4장

SCAMPER전략과 이순신의 창의력

창의력에 대한 사전적 정의는 '새로운 생각을 할 수 있는 능력' 이다. 그런데 이러한 사전적 의미만으로 창의력의 본질을 파악하는 데는 꽤 많은 어려움이 따른다. 왜냐하면 사전적 정의는 지나치게 추상적이고 포괄적인 개념이기 때문이다.

따라서 창의력에 대한 구체적인 이해와 현실 적용능력을 높이기 위해 이 분야 전문가들이 '창의력개발 테크닉'으로 자주 활용하고 있는 'SCAMPER기법(사람들은 이것을 '질주疾走기법'이라고도 말한 다)'을 소개하고자 한다.

:: SCAMPER 기법의 기본 내용 ::

SCAMPER기법의 창안자는 미케일 미칼코(Michalko, Michael)다. 또 SCAMPER란, 대체하다(Substitute), 결합하다(Combine), 적용하다(Adapt), 변형시키다(Modify), 다른 용도로 사용하다(Put to other use), 제거하다(Eliminate), 반전시키다(Reverse)의 첫글자를 따서 만든 합성어다. '질주하다.'라는 의미를 지니는 SCAMPER가 창의력 개발 테크닉으로 활용되고 있는 것은, 이들 7가지 개념이 창의력과 밀접한 연관을 맺고 있기 때문이다.

가령, 밀가루로 빵을 만들어 파는 제과점 주인이 있다고 가정하자. 그런데 어느 날 밀가루에다 옥수수 가루를 섞은 다음 빵을 만들었더니 모든 손님들이 "밀가루 빵보다 옥수수를 넣은 빵이 훨씬 더 맛있다."고 말하면서 많이 사가는 것이었다. 이때 빵의 원료를 옥수수로 일부 대체함(Substitute)으로써 손님들의 입맛을 돋우었을 뿐만 아니라 매상까지 크게 늘릴 수 있었던 제과점 주인의 기발한 발상이 바로 창의력인 것이다.

또 옛날에는 '지우개 달린 연필'이 존재하지 않았다. 지우개 따로, 연필 따로였던 것이다. 그런데 한 번은 글을 쓰던 사람이 잘못 쓴 글씨를 지우려고 곁에 놓았던 지우개를 찾았지만, 그것이 어디로 숨었는지 도무지 찾을 수가 없었다. 이런 불편을 겪은 후, 그 사람은 작은 지우개를 연필의 끝부분에 결합시킨(Combine) 신 개념의 연필을 창안해냈다면 그것 역시 지우개 없는 연필보다 창의적인 제품이라고 말할 수 있다. 이와 마찬가지로 커피잔과 손잡이, VTR과 DVD의 환상적인 결합, 조준경이 부착된 저격수의 소총도 '결합하다(Combine)'의 개념을 활용한 아이디어 상품이다.

지문인식(또는 음성인식) 기능과 같은 최첨단 디지털 기술을 아날로그식 잠금장치에 적용해서(Adapt) 만든 디지털 자물쇠를 시판하거나 기존의 일반 우유에 바나나, 딸기, 커피 등의 향을 가미시켜(Modify) 만든 새로운 컨셉의 우유 또한 고부가가치를 창출할 수 있을 것이다.

해마다 재고로 쌓이는 쌀로 밥 대신 고품질의 술을 빚어(Put to Other Use) 외국산 고급 양주의 수입을 억제하는 것도 창의적인 생산 활동에 속한다. 또 기능을 단순화하거나 불필요한 부품 수를 대폭 줄여서(Eliminate) 만든 이지제품(Easy Goods)으로 가격 경쟁력을 확보하는 것 역시 신 개념의 혁신이다. 일례로 복잡 다양한 기능은 모두 다 생략하고 단지 전화를 걸거나 받을 수만 있는 휴대폰이 대표적인 이지제품에 해당된다. 만약 휴대폰의 이지제품이 시장에 출시된다면, 주머니 사정이 빈약한 할아버지와 할머니가 주된 고객일 것이다.

1970~1980년대에 주로 먹었던 '찐빵'과 '라면땅'에 대한 추억과 향수를 불러일으키도록 하는(Reverse) '안흥찐빵'이나 '졸병스낵'으로 시장에서 큰 인기몰이를 시도하는 것도 창의력을 인정받

을 수 있는 생산 활동이다.

결국 세인들의 칭송을 받을 수 있는 위대한 발견이나 발명만이 창의력의 범주에 속하는 것은 아니다. 아무리 작고 하찮은 것이라도 기존의 생각보다 진일보한 아이디어나 부가가치의 제고, 더 나아가 인류사회의 발전에 조금이라도 기여할 수 있는 것이라면 그것이 바로 창의적인 것이다.

창의적인 인재도 마찬가지다. 창의적 인재란, 일반인들의 눈에 보이지 않는 것을 볼 수 있고, 그들의 귀에 들리지 않는 것을 들을 수 있는 능력을 가진 사람이다. 또 창의적인 인재는 기득권이라는 빛바랜 양산을 뒤집어쓴 채, 끼리끼리의 횡포와 피아彼我를 가르는 이분법적 사고로 미래의 변화를 외면하는 사람들이 아니다.

그들은 어떠한 고정관념이나 편견을 갖고 있지 않다. 그들은 항상 새로운 시각과 발상으로 '아직까지도 충족되지 않은 소비자의 욕구가 존재하는가?', '만약 존재한다면 그것을 어떻게 풀어야 할 것인가?'를 고뇌하고 연구해서 마침내 해결해내고야 마는 사람들이다. 그들은 항상 '세계 최고(레드오션 전략에 해당한다)', '세계 최초(블루오션 전략이 여기에 속한다)'를 지향하는 것은 아니지만, 그들의 연구결과는 대부분 자신도 모르는 사이에 최소한 '국내 최고', 또는 '국내 최초'의 성과물이 되어 개인과 국가발전에 크게 기여하는 특성을 보여주고 있다.

:: 이순신은 SCAMPER 전략을 어떻게 활용했을까?
::

이순신도 창의적인 인재였다. 그는 조국의 방위와 백성들의 생존권 수호에 앞장섰던 동시에 '세계 최고', '세계 최초'의 성과물을 창출하는데 성공했다. SCAMPER기법에 기초하여 이순신의 창의력 수준을 평가한다면, 과연 몇 점이나 받을 수 있을까? 무척 높은 점수를 받았을 것이다.

우선 그는 거북선의 주요 부분을 기존의 나무에서 철판으로 대체함(Substitute)으로써 돌격선이 갖추어야 할 자체 방어능력을 대폭 강화시켰다. 만약 거북선이 철갑을 하지 않은 채, 돌격의 선봉에 나섰다면 왜군의 집중포화를 견뎌내지 못하고 침몰했을 가능성이 크다. 그러나 이순신과 나대용은 그러한 문제점을 사전에 충분히 인식하고, 거북선의 취약부분에 대한 철갑을 시도했기 때문에 그것이 16세기 세계 최고의 불침함이자 세계 최초의 철갑선이 될 수 있었던 것이다.

또 그는 천자포, 지자포, 현자포, 황자포와 같은 대형 총통을 거북선과 판옥선에 탑재시킴으로써(Combine) 조선 수군이 보유한 전선戰船의 전투능력을 크게 개선시킬 수 있었다. 게다가 육군의 전술이었던 학익진을 해전에 적용시킴으로써(Adapt) 조선 수군의 대승리를 엮어냈다. 그는 피난민과 피난선단을 조선 수군의 병력과 전함으로 위장시키는(Modify) 전술을 통해 일본 수군의 공격을 저지시키는 데도 남다른 능력을 발휘했다.

　이순신은 주변의 사소한 것들도 예사로 보아 넘기지 않았다. 어린아이들의 놀이수단인 방패연을 아군끼리 군사정보를 주고받는 통신수단으로 활용(Put to Other Use)하기도 하였다. 또 그는 왜군의 조총을 획득한 후, 그에 대한 연구를 착수했다. 이순신은 무기를 제조하는 장인들에게 조총을 분해하여 부품 수를 줄이고 작업공정을 단축시킬 수 있는지의 여부를 체크하도록 했다. 요즘 자주 쓰이는 말로 '역 엔지니어링(Reverse Engineering)'을 주문했던 것이다. 그리고 1593년 5월 초, 왜군의 조총보다 성능이 훨씬 더 좋은 제품(Easy Goods) 정철총통을 만드는 데 성공했다. 정철총통은 기존의 승자총통에다 조총의 장점을 가미시켜 만든 개인용 살상무기이다. 이순신은 이에 대한 얘기를 1593년 5월 12일자 《난중일기》에다 기록해 놓았다.

　이뿐만이 아니다. 이순신은 태종 시절에 만들어졌다는 거북선을, 200년이 지난 후에 새롭게 복원시켜(Reverse) 실전에 배치한 장본인이기도 하다. 일본 수군은 조선 수군이 보유한 거북선을 메꾸라부네盲船(일명, 장님 배)라고 부르며 그것의 출현을 매우 두려워했다. 왜냐하면 함포나 조총 세례를 퍼부어도 거북선은 그에 굴하지 않고, 앞을 못 보는 장님처럼 마구잡이로 다가와 일본 수군의 최고지휘관이 승선한 대장선을 여지없이 깨트렸기 때문이다. 이는 물론 조선의 거북선이나 판옥선의 강도가 일본 수군의 대선인 아다케安

宅船나 관선關船인 세키부네보다 훨씬 강했기 때문으로 풀이된다.

사실, 태종 이방원의 집권 시절에 제작된 거북선에 대해서는 거의 알려진 것이 없었다. 그러나 이순신은 거북선이 존재했었다는 사실 하나에 의존하여 제로 베이스(Zerobased)에서 모든 것을 새롭게 만들어야만 했다. 이순신은 선박기술자인 나대용으로 하여금 거북선 설계도면의 제작, 나무의 재질과 두께의 결정, 철갑을 해야 할 부분의 선정 작업을 하도록 지시했다. 그런 일련의 혁신과정을 통해 만들어진 것이 '통제영의 거북선'이다. 이는 전적으로 이순신과 나대용의 공적功績이 아닐 수 없다.

:: '소수의 창조자'로 늘 미지의 세계에 도전한 이순신
::

20세기 영국의 위대한 역사학자 토인비는 자신의 저서인 《역사의 연구》에서 "항상 그 시대를 이끌고 가는 것은 소수의 창조자이다."라고 주장했다. 그런데 한 가지 재미있는 것은, 제1의 응전에 성공한 소수의 창조자는 제2의 도전에 응전하여 성공하기가 무척 어려운 법인데, 이순신이 그 한계를 극복했다는 점이다. 토인비는 "과거에 한번 크게 성공한 소수의 창조자는 자신의 능력과 과거의 방법론을 우상화하는 과오, 즉 휴브리스(hubris, 오만)에 빠짐으로써 제2의 도전에 실패할 가능성이 크다."고 주장했다. 그러나 이순신

은 고도의 창의적인 일처리 자세와 강한 자신감, 유연한 자세, 위험을 무릅쓰는 도전정신, 뛰어난 직관력과 지칠 줄 모르는 열정으로 '휴브리스의 함정'에 빠지지 않았다. 그만큼 이순신은 매우 유연한 사고를 지닌 리더였다.

김덕수·정현애 박사의 리더십 수첩

▶ 이순신은 전쟁터를 자신의 평생직장으로 삼고 그곳에서 일생을 마친 무장武將이었다. 판옥선을 타고 활을 잡거나 총통을 다루면 그것이 곧 출근이었고, 적선을 향해 돌진하면 그것이 곧 근무였다. 그러다가 전사하면 그것으로 퇴직되는 투박한 삶을 살았다. 그런 그가 창의적인 인물이었다는 것 자체가 필자에게는 매우 신기하다.

▶ 실제로 이순신의 창의성은 그 특유의 성격에서 비롯되었다고 생각한다. 그는 편집증적인 열정으로 가득 차 있었으며, 일단 옳다고 믿는 일은 끝까지 해내야만 직성이 풀리는 성격의 소유자였다. 또 항상 새로운 것을 찾아 떠나는 지적 호기심과 자신의 생각보다 조금이라도 더 나은 것이 있다면 기꺼이 수용하려는 열린 마음이 이순신의 창의력을 제고시켰던 핵심요인이라고 생각한다. 만약 이순신과 같은 창의적인 리더가 한국의 대통령이나 민간기업의 CEO로 발탁된다면, 그날부터 대한민국의 운명은 새로운 전기를 맞게 될 것으로 확신한다. 앞으로 회전의자의 주인공이 되고 싶다면, 400년 전의 무장이었던 이순신을 제대로 벤치마킹하는 작업부터 시작해야 한다.

5장

이순신과 박정희

Korean Leadership

필자는 어릴 적부터 충무공 이순신 장군을 무척 좋아했다. 그것은 아이러니컬하게도 박정희 때문이었다. 그가 자신의 집권 초기부터 '이순신의 성웅화聖雄化작업'을 대대적으로 벌였고, 그 과정에서 출간된 책들을 통해 이순신을 알게 되었기 때문이다. 더욱이 이순신의 본관이 필자의 이름과 같은 '덕수 이씨'라는 점과 숙종 때, 그의 신도비 비문을 쓴 김육 대감이 필자 집안(필자의 본관은 '청풍'이다)의 선대 어른이라는 것도 그를 더 좋아하게 된 계기였음을 솔직하게 고백한다.

필자가 '이순신의 성웅화 작업'에 대해 처음으로 고민했던 것은 지난 1995년이다. 그때 필자는 도쿄東京의 심바시 지역에 머물면서 일본 정부가 강력하게 추진하고 있었던 '21세기 뉴 프론티어 프로

젝트'에 관한 자료조사와 기술정보를 얻기 위해 바쁘게 활동하고 있었다. 그 와중에 필자는 친한파親韓派인 일본인 지기知己로부터 충격적인 말을 들었다. 그것은 일본인들 가운데 이순신을 체계적으로 연구하는 소모임들이 꽤 있다는 것이었다. 도쿄대 출신인 그는 고려대에서 정치학 박사학위를 받았을 만큼, 한국말에 능통했을 뿐만 아니라 우리의 역사와 문화에 대해서도 해박한 지식을 갖고 있었다.

:: 이순신의 충효 사상을 철저하게 왜곡시킨 박정희 ::

박정희는 이순신의 숭고한 충효忠孝사상을 자신의 정치적 이데올로기로 삼았던 인물이다. 그는 제 아무리 바쁜 청와대의 스케줄이 있더라도 매년마다 4월28일만 되면 만사를 제쳐놓고 현충사로 달려가 이순신의 영정에 참배한 후, 흰색 와이셔츠 차림으로 활시위를 당기는 모습을 연출했다. 그가 즐겨 쓰던 휘호에도 이순신의 상무정신尙武精神에 관한 것들이 많았다. 그럼에도 불구하고 박정희는 이순신에 대해 제대로 아는 것이 별로 없었다. 이순신에 대한 이해가 부족했기 때문에, 박정희의 애정 공세는 결국 자신만의 초라한 짝사랑으로 끝나고 말았던 것이다.

박정희가 이순신의 충효사상을 자신의 정치적 이데올로기로 삼은 이유는 무엇인가? 그것은 박정희가 생각했던 충효사상과 이순신의 충효사상을 비교하면 금방 드러난다. 이순신이 목숨을 바쳐 실천한 '충'은 국가와 백성을 향한 조건 없는 자기희생이었다. 그에 반해 박정희가 생각한 '충'은 자신의 권력에 대한 절대 복종의 요구였다. 즉 나약한 장면 정권을 5·16 군사쿠데타로 붕괴시킨 것은 자기 한사람으로 족하며, 더 이상 자신의 정권에 대한 군사적 도전은 결코 용납하지 않겠다는 협박이 박정희가 구상한 '충' 사상이다. 실제로 그는 '육군대장 박정희 장군의 전역식'에서 "다시는 우리 역사에서 나와 같은 불행한 군인이 나오지 않기를 기대한다."는 명언(?)을 남겼다.

박정희가 강조한 '효'의 논리 또한 왜곡된 '충'의 논리와 크게 다르지 않다. 이순신의 애틋한 '효' 사상은 《난중일기》에 집약되어 있다.

"종일 노를 저어 밤중에 어머님 앞에 이르니 백발이 부수수한 채 나를 보고 놀라 일어나시는데, 기운이 흐려져 몇 날을 더 보전하시기가 어렵겠다. 눈물을 머금고 서로 붙들고 앉아 밤새도록 위로하여 그 마음을 풀어드렸다."

— 이순신, 《난중일기(1596년 8월12일자)》 중에서

위의 글에 잘 나타나 있듯이 이순신의 '효' 사상은 한마디로 부모

님에 대한 가없는 연민의 정에 바탕을 두고 있다. 그러나 박정희가 내세웠던 '효'는 남성 중심의 가부장적 질서에 철저히 순종해야 한다는 개념이었다. 가정에서 가장家長인 아버지의 말씀을 잘 따라야만 효자가 될 수 있듯이, 국부國父인 대통령의 지시에 절대 복종하는 것이 국민의 도리라고 간주하는 것이 박정희 버전의 '효' 사상이었다. 자신의 집권 연장을 위해서 비민주적인 10월 유신을 단행하고, 긴급조치권의 발동을 통해 국민의 기본권마저 철저하게 짓밟았던 것도 그의 잘못된 '효' 사상에 기초한다.

필자는 박정희가 주도했던 이순신의 성웅화 작업에 나타난 몇 가지 문제점들을 지적해 보고자 한다.

:: 잘못 제정된 이순신 장군의 탄신일
::

첫째는, 이순신 장군의 '탄신일'이 잘못 제정되었다는 점이다. 이순신의 진짜 생일은 음력으로 1545년 3월8일이다. 그런데도 현대의 우리들은 4월28일을 '이순신 장군의 탄신일'로 제정하는 어리석음(이순신 장군의 탄신일을 양력으로 정한 이유는, 매년 같은 날짜에 기념식을 하기 위해서가 아닐까? 만약 탄신일을 음력으로 정해 놓으면, 매년 기념일이 다를 수밖에 없다. 그렇다고 해서 이순신 장군의 음력 생일을 양력으로 바꿔서 시행하는 것은, 파렴치한 행정편의주의 발상에 지나지 않는다)을 범하고 있다. 이순신이 생존해 있었던 그 시기에, 조선에서는 양력이란 개념 자체가 존재하지 않았다. 백보를 양보해서, 양력이 있었다고 해도 조선 사람들은 그것을 사용하지 않았을 것이다. 그 이유는 농경사회에서 농사일을 관장하는 것은, 달의 운행원리를 근간으로 하는 음력이었기 때문이다.

:: 엉터리로 제작된 이순신의 동상
::

둘째는, 광화문 네 거리에 우뚝 서 있는 이순신의 동상이 엉터리로 만들어졌다는 점이다. 본래 동상은 우리나라의 전통문화가 아니다. 우리의 전통 사회가 정치 리더들의 선정善政이나 무장武將의 무덕武德을 기리기 위해서 사용했던 것은 당사자의 묘소를 쓴 후, 신도비와 사당을 건립하고 제사를 지내는 것이었다. 그런데 메이지 유신을 계기로 서양의 동상 문화가 일본에 유입되었고, 그것이 한국으로 전래되면서 동상문화가 급속도로 퍼진 것으로 생각된다.

한 가지 재미있는 것은, 유럽의 동상 형태와 일본의 동상 형태가 매우 다르다는 점이다. 유럽에서 흔히 볼 수 있는 동상은 말을 탄 장군이나 정치 리더들의 동상인데 반해, 일본의 동상들은 대부분 검도복 같은 차림에 칼만 들고 서 있다(말을 탄 장군의 모습은 거의 찾아볼 수 없다)는 점이다. 그러나 한국의 동상에는 많은 말이 등장한다. 일본의 동상을 베꼈으면서도 유럽풍의 동상을 그대로 흉내 냈다는 점이 특이하다.

광화문 네거리에 서 있는 이순신의 동상은 JP가 위원장을 맡았던 '애국선열동상건립위원회'가 기획하고 박정희가 건립비용을 전액 부담했으며, 조각가 김세중(1928~1986, 당시 서울대 미대 교수)에 의해 1968년에 건립되었다. 그런데 동상을 자세히 살펴보면 이순신의 모습이 현충사에 모셔진 영정과 너무나도 큰 차이를 보인다. 동상에 조각된 이순신의 모습은 전형적인 용장勇將의 모습인데 반해, 현충사에 모셔진 영정은 유성룡이 《징비록》에서 기술(유성룡은 이 책에서 "순신은 말과 웃음이 적었다. 용모는 단아해 마음을 닦고 몸가짐을 삼가는 선비와 같았다."고 기술했다)한 바와 같이 매우 온화한 모습을 하고 있다. 돌아가신 지 400년 남짓한 인물을 어떻게 전혀 다른 두 가지 얼굴로 표현할 수 있는지, 필자로서는 도무지 이해가 되지 않는다.

이순신의 동상에 내재된 또 다른 문제는, 그가 오른손으로 칼집을 잡고 서 있다는 점이다. 오른손으로 칼집을 잡고 있다는 것은, 이순신이 왼손잡이라는 사실을 의미한다. 오른손으로 칼집을 잡고 있기 때문에, 왼손으로 칼을 뽑은 다음 전투를 해야 하기 때문이다. 그런데 우리나라 사람들은 전통적으로 99.9%가 오른손잡이들이다. 이는 집안 어른들이 어릴 때부터 왼손을 사용하지 못하도록 엄격하게 규제했기 때문이다.

또 이순신의 집안은 '덕수 이씨'로서 양반 가문(조선이 인정하는 3 대 천재 중의 한 사람이었던 이율곡도 덕수 이씨 출신이다)에 속하는데, 옛날 양반들은 '행동거지 하나하나가 그 사람의 인격을 좌우한다.' 는 처세관을 갖고 있었기 때문에 그가 왼손잡이일 가능성은 거의 없다. 검객劍客의 세계에서도 '오른손잡이 검객이 칼집을 오른손으로 잡는 것은 항복을 의미한다.' 고 한다.

게다가 이순신이 오른손에 들고 있었던 것은 장검이 아니라 지휘봉이었다. 지금 현충사에 보관되어 있는 두 자루의 장검은, 평소에 이순신이 지니고 다녔던 전투용 칼이 아니다. 그것은 이순신이 자신의 집무실에 진열해 놓고 장군으로서의 마음을 가다듬는데 활용했던 권위의 상징물이었다. 그런데 이순신의 동상에 등장하는 칼은 현충사에 보관 중인 장검의 크기와 비슷하다. 그것 또한 이순신의 동상이 잘못 만들어졌음을 시사해 주는 또 하나의 증거라고 말할 수 있다.

그뿐만이 아니다. 이순신이 오른손에 들고 다녔던 지휘봉은 눈에 잘 띄는 흰색과 주홍색만을 칠한 나무 막대기였다. 이순신은 언제나 지휘봉을 공중에서 천천히 젓다가 아래로 내렸다. 그러면 그의 곁에 있던 군관이나 병사가 이순신의 지휘 내용을 큰북, 나팔, 독전기督戰旗, 영기令旗를 이용하여 전군全軍에 알렸다(이것은 일본의 가다노 쯔기오가 쓴 책《이순신과 도요토미 히데요시》에서 인용했음을 밝힌다)고 한다.

그런 의미에서 지금 우리는 23전 23승으로 조선을 얕보던 도요토미 히데요시에게 조선인의 매운 맛을 보여준 이순신을 항복한 장군으로 묘사하고, 그에 대한 연구가 일본인보다 열악한 상황이니, 이 잘못을 어떻게 사죄해야 할지 눈앞이 캄캄하다. 우리가 일제에게 34년 11개월 28일 동안 식민통치를 당한 것도 어쩌면 당연한 일인지도 모른다. 우리 역사에 대한 것은 물론 이웃나라 일본에 대한 연구마저 게을리 했으니, 그들에게 먹히는 것은 당연지사. '지피지기知彼知己면, 백전불태百戰不殆다'라는 말도 아직까지 제정신을 차리지 못하고 있는 우리들을 두고 하는 말인 것 같아 뒷맛이 씁쓸하기 그지없다. 여기에서 한 가지 지적하고 싶은 것은,《손자병법》의 저자인 손무가 '지피지기 백전백승(적을 알고 나를 알면, 백번 싸워 백번을 다 이길 수 있다)'이라는 말을 했다고 오해하는 사람들이 적지 않다는 점이다. 그런데 손무가 실제로 했던 말은 '지피지기 백전백승'이 아니라 '지피지기知彼知己 백전불태百戰不殆(적을 알고 나를 알면, 백번을 싸워도 위태롭지 않다)'였다는 사실이다. 이 점에 대해서 더 이상의 오해 없기를 기대한다.

:: 이순신의 국민대통합 정신을 철저히 훼손한 박정희 ::

셋째는, 박정희가 이순신의 위대한 국민대통합 정신을 심하게 훼

손시켰다는 점이다. 이것은 필자가 국내 최초로 제기하는 문제다. 이순신은 서울 건천동(현재 서울 중구 인현동)에서 태어났다. 그러나 이순신의 조부였던 이백록이 기묘사화에 연루되어 참화를 당한 후, 그의 집안은 한동안 역적의 가문으로 전락했다. 이 때문에 그의 부친인 이정李貞은 관직에 나갈 수 없었고, 집안의 가세家勢는 곤궁해졌다. 그러자 이순신의 가족은 외가外家가 있는 충남 아산의 배암리로 이사를 갈 수밖에 없었고 이순신은 그곳에서 어린 시절을 보내게 된다.

이순신은 1576년, 32세의 늦깎이 나이로 식년무과(그는 28명을 뽑는 시험에서 12등으로 합격하여 종 9품의 벼슬을 제수 받았다. 종 9품은 오늘날 중사 계급에 해당한다)에 합격한 후, 1591년 2월13일 전라좌수사가 되기까지 약 15년 동안 변방과 오지를 돌며 갖은 고생을 했다. 그리고 임진왜란이 발발하자 전라도 수군을 이끌고 23번의 해전海戰 가운데 약 80% 이상을 경상도 바다를 지키기 위해 고군분투孤軍奮鬪했다. 서울에서 태어난 이순신은 충청도에서 자란 다음, 전라도에서 해군 제독으로 성공을 거두고 경상도의 바다를 수호하셨던 분이다. 그에게는 어떠한 지역 차별도, 지역 이기주의도 존재하지 않았다. 오로지 '내 조국'과 '내 백성'만이 있었을 뿐이다.

박정희가 이순신을 진심으로 존경하고 흠모했다면, 그가 죽음으로 실천했던 국민대통합의 정신부터 본받았어야 옳았다. 즉, 왜적의 침략으로부터 경상도와 경상도 백성들을 보호하기 위해 전라도 수군을 이끌고 전투에 나섰던 이순신의 뜨거운 마음을 읽었어야 했는데, 박정희는 그것을 철저하게 외면(물론 거기에는 자신의 정적이었던 김대중에 대한 정치적 사감私感이 크게 작용했을 것이다)했다. 그리고는 '자기 고향 챙겨주기(하나회, 정부 내 요직, 경부선, 경부고속도로, TK 패권주의, 경부고속터미널, 경상도 지역에 중화학공업 및 섬유공업단지의 집중 배치 등)'에만 열중했다. 만약 박정희가 경상도보다 전라도를 먼저 챙겨주고, 전라도의 지역발전에 더 많은 관심을 쏟아 주었더라면, 오늘날과 같은 지역갈등의 문제는 생겨나지도 않았을 것이다.

박정희의 그런 나쁜 정신은 그의 양아들을 자처했던 전두환에게 곧바로 계승되었다. 그는 자신의 정신적 양부養父였던 박정희의 모반謀反을 흉내 낸 12·12 군사쿠데타로 군대 내 반대파를 철저하게 숙청한 후, 5·17 계엄확대를 통해 정권을 찬탈했다. 또 그것에 항의하는 수많은 사람들 가운데 본보기로 전라도 시민을 지목하여 광주민중학살을 자행한 것은, 평소 전라도에 대한 박정희의 증오심과 궤를 같이 한다. 그런 의미에서 필자는 박정희가 고도의 정치적 술수 차원에서 고안했던 삼류 코미디 쇼가 '이순신의 전쟁영웅화 작업'이라고 생각한다.

인간 자체의 그릇 크기나 철학적인 측면에서 비교해볼 때 박정희는 이순신과 비교대상조차 될 수 없다. 사마천이 지은 《사기》를 읽다보면 '연작안지홍곡지지재燕雀安知鴻鵠之志哉(작은 참새는 기러기나 고니와 같은 큰 새의 생각을 알지 못한다)' 라는 글귀가 나온다. 참새 수준인 박정희가 어떻게 기러기나 고니 수준인 이순신의 깊고 높은 뜻을 이해하고 흉내 낼 수 있었겠는가? 박정희의 가랑이가 찢어지지 않은 것만 해도 천만다행이었다.

:: 도저히 이해할 수 없는 한국의 화폐
::

넷째, 우리 국민들은 이순신을 '성웅'이라고 말한다. 그러나 필자의 생각은 그와 정반대다. 이순신은 지금도 우리 후손들로부터 제대로 된 대접을 받지 못하고 있다. 우리나라 돈을 보자. 이순신의 모습은 100원짜리 동전에, 23전 23승의 불패신화를 창조했던 거북선은 5원짜리 동전에 들어가 있다. 대체로 화폐에 등장하는 인물이나 대상물은 역사에서 차지하는 비중과 일맥상통한다고 한다.

그런 관점에서 본다면, 거북선의 역사적 가치는 통일벼(그것은 50원짜리 동전에 그려져 있다)의 10분의 1에 해당하며, 이순신의 가치 또한 학(화투 뼁광에 등장하는 것으로 500원짜리 동전에 그려져 있다)의 5분의 1 수준에 머물고 있다. 그러고도 이순신이 성웅 대접을 받고 있다고 자신 있게 말할 수 있는가? 특히 대한민국 화폐에 등장하는 인물은 하나같이 이씨들뿐이다. 대한민국에는 이순신, 이황(진성 이씨 출신), 이율곡, 세종대왕(전주 이씨 출신) 이외에도 훌륭한 인물들이 많으며 성씨도 매우 다양한데, 어째서 이런 일들이 지금까지 계속되고 있는가? 이제는 의구심을 넘어 명문대학 출신들의 집합체라고 하는 한국은행에 대해 연민의 정마저 느껴질 정도다. 도대체 그렇게 일을 하면서도 월급을 받고 퇴직금을 받을 수 있는지? 한번 그들에게 따져 묻고 싶다.

필자는 최소한 500원짜리 동전에는 거북선이, 5,000원권 이상의 지폐에는 이순신의 모습이 그려지길 강력하게 희망한다. 적어도 그렇게 해야만 우리가 이순신을 제대로 평가하고 대접하는 길이라고 생각하기 때문이다. 이 문제에 대한 우리 정치 리더들의 인식전환을 강력하게 촉구한다. 내일은 이순신의 묘소를 둘러보고, 그가 남겨준 정신적 유산에 대해 다시 한번 고민해 보는 시간을 가져야 할 것 같다.

▶ 노나라 좌구명의 저서로 알려진 《좌전》을 보면, '비양덕지기야卑讓德之基也'라는 글귀가 나온다. 이것은 '비양, 즉 겸허가 덕의 기본이다.'라는 뜻이다. 실제로 이순신은 일생동안 자신을 낮은 곳에 두고 백성들을 받들어 모시는 자세로 일관했다. 서울 태생의 아웃사이더인 이순신이 전라도 사람들의 폭발적인 지지를 얻을 수 있었던 것도 그의 겸손한 자세 때문이라고 생각한다.

▶ 공자는 《논어》에서 지도자의 덕목으로 '사불가이불홍의士不可以不弘毅'를 강조했다. '지도자는 홍의, 즉 넓은 식견과 강한 의지력을 갖고 있어야 한다.'는 게 공자의 생각이다. 이순신은 공자의 가르침대로 홍의를 갖춘 리더로서 시야 협착증에 빠지지 않았을 뿐만 아니라 자신에게 들이닥친 수많은 역경을 불굴의 신념으로 극복해 나갔다. 공자가 이순신과 동시대를 살았더라도 그는 이순신에게 리더로서의 높은 점수를 주었을 것으로 확신한다.

한국형 리더와 리더십

초판 1쇄 인쇄   2006년 9월 14일
초판 1쇄 발행   2006년 9월 22일

지은이   김덕수, 정현애
기획 · 편집   박윤희
펴낸이   박종홍
펴낸곳   이코북

주소   서울시 마포구 동교동 153-18호 2층
전화   02) 335-6936
팩스   02) 335-0550
이메일   ecobook@paran.com

ISBN   89-90856-19-1 (03320)